今日からでき

スマホと

無料ツール で

小さな会社こそ

IT

中村 太陽

はじめに

小さな会社こそ！
大企業並みができるわけ

❯❯あなたの会社が対象です

2. 小規模企業者の定義	
業種分類	中小企業基本法の定義
製造業その他	従業員20人以下
商業・サービス業	従業員 5人以下

- ◉ 「商業」とは、卸売業・小売業を指します。
- ◉ 商工会及び商工会議所による小規模事業者の支援に関する法律（小規模事業者支援法）、中小企業信用保険法、小規模企業共済法の3法においては、政令により宿泊業及び娯楽業を営む従業員20人以下の事業者を小規模企業としております。

https://www.chusho.meti.go.jp/soshiki/teigi.html

　個人事業主を含む、日本には330万者、日本の社会にとって大事な方たちです。

❯❯みなさんの会社の現状と希望

　私の見方では、みなさんの会社に最適なITツールであるスマートフォンがほとんど活用されていません。

　ITの現状は、会計システム・給与システム・ホームページなどの特定分野の利用にとどまっていると考えられます。

　逆に希望があります。ほぼ何もないところに、新たにITを作り上げることになるので、取り組みがやさしいのです。

　20名までの環境であれば、複雑なことを考える必要がありません。準備するものは、事務所のパソコン1台と従業員のスマートフォンで

済みます。インターネットに接続できる環境だけ、整えればよいのです。そして、システム開発の必要がありません。

　スマートフォンを主な機器とする、無料もしくはとても安価で、最新かつ優れたアプリケーションが活用できます。少人数なら苦手な人もついてゆける範囲で、やさしいアプリから利用し始めて、上達すれば、より複雑なものに乗り換えるのが合理的です。軽く使ってみて、自社に向かなければ、諦めてもよいではありませんか。

　そのように考えると、20名程度までなら目が届くので、支店・支社・営業所・営業部・製造部など、部門単位に実験的に取り組むことも可能です。

❱❱ IT担当者が必要？いいえ不要です

　小さな会社の所帯では、IT担当を置く余裕はありません。この実態を踏まえて、IT担当者がいらないIT化の方法を考えました。

　いわば「ずぼらなIT化」その手法を紹介します。

　IT担当者が不要にできる理由の一つ目、システム開発をしない。新しいアプリを作る必要もありません、たくさんの候補の中から、とてもよくできた無料アプリを活用します。

　アプリの機能を、会社の業務のどこに利用するか、話し合いで決めていくことにします。利用の方法は申し合わせしますが、機器の操作については、それぞれ自己責任で、使用します。

　IT担当者が不要にできる理由の二つ目、教える役目を作らない。難しいことに、一足飛びに届こうとするのではなく、皆が理解できることに取り組み、着実に進歩する。たまたま早く慣れた人が、遅れた人に教える。「こうやったらできたよ」

　IT担当者が不要にできる理由の三つ目、メインとするコンピュータを作らない。パソコン以上の機器は利用しませんが、そのパソコンが動いていないと利用できない仕組みにすると、故障対応やデータの定

期的保管作業が必要となるので、パソコン担当者を置くことになります。

　そこで、逆にメインコンピュータを必要としない考え方を取るのです。

　昔の書籍は、必ずLANの構築からはじまっていました。それは難しいので、諦める原因にもなります。

　IT担当者が不要にできる理由の前提、LANを構築しない。

　この４点、後続の各章で、それぞれ具体的にご説明します。

さあ、もう一度「小さな会社こそ！大会社並みができるわけ」を復習しましょう

　①障害になるもののないところに、新たにITを作り上げられることがとても有利。

　②準備するものは、事務所のパソコン１台とインターネットの環境。

　③従業員のスマートフォンとは、最新かつ優れたアプリはスマートフォン向け。

　④無料もしくはとても安価なアプリケーションは、みなさんの会社に最適です。

　⑤IT担当者を置く必要はありません。

以上

これから、必須になる
テレワークの考え方

≫私のテレワーク

　小規模事業者さんに提供するための情報収集先のイベントは、2020年３月から新型コロナの影響で、次々と中止となりました。

ブックオフは私が行きたい日曜祝日は休業、図書館は閉館中。

　その中で、オンラインセミナーを探すと、たくさんの受講すべきものを見つけました。オンライン展示会に参加すると、営業をしかけられてテレビ会議です。直接役立たないものもありますが、説明を頂いた上に、自由に質問できる、より詳細な知識が得られます。

　オンラインセミナー・展示会・テレビ会議での情報収集は、移動時間も不要で、とても効率がよいものでした。手が出せていなかったデザイン系の技術や大手向けのサービスについても、勉強できました。登録動画を利用する、時間に縛られない勉強もできる。やれば、結果はついてくるのです。

≫みなさんのためのテレワーク

　みなさんに必要なテレワークの一つは、「どこでもオフィス」です。

　非接触が求められ、3密を避ける大きな社会実験の結果、会社に居なくても仕事ができると証明されました。「どこでもオフィス」ができなければ、取り残されるのは目に見えています。

　これらの論点は、言い尽くされていますので、みなさんに取り組んでいただきたいことを、ご提案します。

　まず、売上アップにつながる取引先の開拓です。机の中の名刺を整理する。名刺管理アプリを利用して、連絡先名簿を作ります。過去の取引先や、商談未成立案件や、持ちかけないままになっている取引先に連絡を取ってみましょう。

≫テレワークでできることはたくさん

　もう一つのテレワークは、情報通信技術を利用して、お付き合いのなかった取引先と連携・共同作業することです。いわゆるコラボレーションです。

　近い分野のお仕事で、それぞれ特徴が異なるところとは、役割分担

する前提で、双方で過去のお客さまに仕事がないか問い合わせる方法があります。

　双方のファンに、お互いを紹介するのも手っ取り早い目的ですが、新しい発想で新製品・サービスを作り、現在のお客さまに買っていただくことも行われています。組み合わせに驚くものも、立派に新しいものを生み出しているのです。

　ものづくりに関わる仕事なら、より容易に他地区の協力先を募ることができます。iタウンページは業種別に分類されているので、片っ端から連絡を取ってみる。メールアドレスを登録されている先であれば、丁寧に申し込めば、可能性が増しますよ。

　効果的なのは、商工会の会員でしたら、ザ・ビジネスモールの事業者情報は、詳しいプロフィールがあるので、より絞り込んでのアプローチが可能です。

　「ビジネスモールの情報を見て、連絡してみました。」

　きちんと対応していただけそうです。こつがわかれば、ホームページの問い合わせに直接申し込めます。やれることはあるのです。

　固有の商品をお持ちなら、留学生会館に行き、外国人が買わないか試しに聞いても、次の手段はあります。この後紹介するGoogle翻訳を活用すれば、通訳してくれるので、会話ができるのです。遠隔地の相手とのコミュニケーションのためには、テレビ会議の仕組み、後述するZoomなら、簡単です。新しい取り組みにはITが使える。

　こちらからしかけるテレワークが重要です。

以上

ザ・ビジネスモール
日本全国の企業をつなぐ
商工会議所・商工会運営の商取引支援サイト

日常的な機器の利用が、社員を変える

❱❱ 昔の有料ソフトより今の無料アプリ

1990年代に登場した、シャープの電子手帳ザウルス（PDAと呼んでいました）、そのアプリ名刺管理ソフトやスケジュール管理ソフトが、とてもヒットしました。

その有料アプリより、今のスマートフォンで動く無料アプリがよほど優秀なのです。たとえば、名刺データと電話や地図アプリとの連携機能だけでも、便利どころではありません。

昔は、電子手帳の名刺をパソコン上の名刺に同じデータを反映させるため、電子手帳とパソコンをケーブルでつなぎ、操作する必要がありました。今は、その操作する必要もない。スマートフォンとパソコンのそれぞれが、インターネットに接続していれば、どちらで登録・変更しても、自動的に相手方に伝わります。その仕組みを理解するまでは、まるで魔法の様です。

昔の名刺ホルダーで管理が可能なのは数百枚まででしょう。その他の名刺はケースで保管。1年に数回、その名刺ケースまで探す羽目になる。名刺ホルダーのほうもいつまでも探し続けて見つからない、調子が悪い日もありました。

今の無料アプリは、いつでもどこでも、自由な文字列で名刺が検索できて、仕事の中断がありません。

❱❱ スマートフォンは画期的

少し判らない言葉（ドラマや俳優、薬の名前、部品・商品・修理わざ・

ランタナ

Lantana
involucrata

作家)、いつでもどこでも、調べられます。

「検索の前に考えろ」とおっしゃる方もいらっしゃいますが、それは既に検索し過ぎの人へのアドバイスであって、多くの検索が不じゅうぶんな人に言うことではありません。

単なる会話だけのことでも、すべて理解しての話か、理解が不足のまま、何とか話を合わせている話なのか、この違いは明白です。

画期的なアプリもあります。

その一つはGoogleレンズ、写したものが何かを教えてくれるアプリです。わが家の入口の内側に、シソの葉とそっくりの植物が生えていて、Googleレンズで撮影すると、「ランタナ」と教えてくれました。それが左上の画像です。このGoogleレンズ、靴の型番なども当てると、テレビで紹介されました。

もう一つがGoogle翻訳、外国語と日本語、相互に翻訳してくれるアプリです。文字に変換したものを、右の画像のように、貼り付けるのが一番確実ですが、英語の文章をカメラで撮っても翻訳してくれる。通話モードもあるので、実際にアメリカ人との会話に利用しました。じゅうぶんに利用できるものです。　こういっ

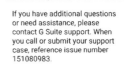

If you have additional questions or need assistance, please contact G Suite support. When you call or submit your support case, reference issue number 151080983.

Thanks for choosing G Suite.

—The G Suite Team

たものが、自由自在に利用できれば、それは百科事典の様な人であり、
何カ国の言語に通じた人に変身することです。

▶スマートフォンで人工知能も利用できる

このふたつのアプリは、画像認識なり、文脈から単語の意味を解釈
し直す人工知能を利用したものです。

中堅以上の会社が有料の人工知能翻訳サービスを利用することがあ
ります。小規模事業者が、無料の翻訳アプリを会社の業務に利用した
ら、立派な事業における人工知能（AI）活用です。

さあ、整理してみましょう

①いずれも無料、直接ビジネスを効率化するアプリや人工知能を活
　用したアプリがある。

②ふたつの人工知能アプリが利用できれば、もの知りや外国語が話
　せる従業員を雇ったことになる。

③そのために必要なのは、普段使いでスマートフォンに慣れ、好き
　になること。

④ご自分の興味が持てるアプリを見つけ、使いこなすようになるだ
　ろう。

以上

DX（デジタルトランスフォーメーション）？
本当に大事にすることは

≫DX＝デジタルトランス
##　　フォーメーションとははやり言葉です。

> デジタルトランスフォーメーションとは、「ITの浸透が、人々の生活をあらゆる面でより良い方向に変化させる」という概念である。デジタルシフトも同様の意味である。2004年にスウェーデンのウメオ大学のエリック・ストルターマン教授が提唱したとされる。
>
> ウィキペディア

　今では、単にIT化というのではなく、どうやらデジタルトランスフォーメーションと表現するらしい。しかし注意して聞いていると、人によってその意味するところがかなり違います。はっきりとバズワードと表現する人もいる。

　私も、まったく同意見です。

≫その意味するところは曖昧模糊

> 　バズワードとは、技術的な専門用語から引用したり、それを真似た言葉で、しばしば、素人がその分野に精通しているように見せるために乱用される、無意味だが、かっこいい、それっぽい言葉のことである。また、特定の期間や分野の中でとても人気となった言葉という意味もある。権威付けされたり、専門用語や印象付けるような技術用語。
>
> ウィキペディア

　DX、この言葉を追いかけるのはやめましょう、タダのはやり言葉です。これからも、ITの分野では新しい言葉が作られるでしょう。わかってもわからなくても、そう気にしなくてよい。どうしても知りたいテーマなら、わかるように説明してくれとお願いしましょう。

❯❯もちろんITは重要です

　保健所がファクシミリを利用してコロナ感染者数を集計していたことが、問題になりました。現在では、デジタルのやりとりで、自動的に集計する方法が推奨されています。そして、われわれの周りには、たくさんの新しいツールがあって目移りするほどです。

　パソコンが安価になり、加えてほぼ一人一台のスマートフォン、大きな目で見ると、そのすべてがインターネットでつながっている。ネットワーク下にある電子機器で利用できるアプリも、たくさん作られています。コロナ感染者数の場合、表計算ソフトの一つの集計表を、各保健所が開いて、所管力所に入力することもできる。

　私は、みなさんが利用できるアプリやサービスを探し出しては、内容把握に努めています。インターネットの向こうで高性能のコンピュータが処理するので、実現できない機能がほとんどありません。いずれもよくできている上、価格も下がっています。マスコミで取り上げられるもの、事例として紹介されることは、特殊な技術・高価なもの・難しいものが多い。

　しかし、現在こそITがあらゆる課題を解決しつつあります。たとえば、家計簿アプリはレシートを写すだけで、データ化をします。手書き帳票のデータ化をするものも登場した。これらのような、基本的で成熟した技術に、目を向けるべきです。

❯❯努力だけが結果を作る

　1990年前後にはやった戦略情報システム（SIS）、私もだまされていました。その検討で得たもっとも重要なことは、自らそう努力しなくても、新しい技術が素晴らしい世界を作ってくれるなど、「ありえないこと」でした。

　「得たい結果に向けて、自らが変わる・仕事のやり方を変えること」

「その変わるためのツールがある」あるいは「変えた結果、新しいツールが使えて効果が出る。」

　ことしか、ないということでした。このことも、ITだけの専売特許ではありません。新しい道具は、何だってそうでしょう。

以上

グループウェアというもの、その効果

❯❯グループウェアというもの

> グループウェアとは、企業など組織内のコンピュータネットワークを活用した情報共有のためのシステムソフトウェアである。ネットワークに接続されたコンピュータ同士で情報の交換や共有、またスケジュール管理等の業務に利用される様々な機能を通じて、業務の効率化を目指したものである。
>
> ウィキペディア

　平たくいうと、電子メールやスケジュール共有など、情報技術を使った情報共有の仕組みです。今や、中堅以上の企業やベンチャー企業では、ほとんどの会社が利用している。

　グループウェアで実現したいことは、会社が一つの生き物のように、経験や情報を共有して、さまざまな場面で相互に利用すること。

　ソフトウェアのなかで、規模も業種も問わないことが、その特徴です。組織として活動する限りは共有すべき情報があります。会計システムなどの適用業務システムは、一定の規模がなければ、導入費用に見合う効果を得られない可能性があります。

　本書ではグループウェアの諸機能を無料アプリでそろえるので、費用の問題もありません。日常的に情報機器を活用するので、社員は情報活用力を身につけます。正に良いことずくめ、成長軌道に乗ると、日々進歩する。グループウェア上に、情報が足されてゆき、会社とし

ての知識が充実していきます。

◎グループウェアの効果

その効果を日本商工会議所が情報処理推進機構に委託した調査結果で確認します。

図表 211 中小企業ー「経営課題に対する IT 化の効果」

	1. 業務の効率化に役立った	2. 有用なデータが得られるようになった	3. 売上や顧客数が増加した	4. 従業員の士気が高揚した
a. 財務会計（経営管理を含む）	70.6%	22.6%	0.4%	6.3%
b. 人事・総務	72.2%	18.3%	0.2% 0.8%	8.5%
c. 顧客管理・マーケティング	55.7%	29.7%	5.8% 0.2%	8.6%
d. 物流・在庫	70.9%	20.4%	1.0% 0.5%	7.2%
e. 生産・製造	72.4%	17.3%	1.1% 1.6%	6.6%
f. 研究・開発	61.6%	23.2%	2.8% 3.5%	9.1%
g. パソコン	88.6%	6.8%	0.9% 0.2%	3.4%
h. サーバー	84.1%	10.2%	0.6% 0.2%	5.0%
i. 社内LAN（無線LANを含む）	84.4%	8.4%	0.5% 0.5%	6.2%
j. インターネット環境（情報収集など）	61.0%	32.1%	1.6% 0.2%	5.1%
k. オフィス系ソフト	86.5%	8.7%	0.3% 0.1%	4.5%
l. グループウェア（掲示板、電子会議室、予定表等）	74.2%	12.3%	1.1% 2.6%	9.8%
m. メール	80.5%	9.6%	1.6% 0.7%	7.7%
n. 会社紹介用のホームページ	40.4%	9.4%	17.9% 2.5%	29.8%
o. 発注・仕入（取引先との標準EDI）	82.2%	8.4%	1.1%	8.2%
p. 発注・仕入（独自システム）	86.3%	9.2%	1.0%	3.5%
q. 受注・販売（取引先との標準EDI）	74.6%	10.1%	5.7%	9.9%
r. 受注・販売（eコース用のホームページ）	51.8%	10.6%	25.1% 0.3%	12.2%
s. アフターサービス（コールセンターを含む）	62.3%	15.4%	6.3%	16.0%
t. 各種の指示・報告のIT化による連携	85.9%	9.3%	0.3% 0.8%	4.4%
u. グループウェア（掲示板、電子会議室、予定表等）	77.5%	11.4%	0.2% 2.1%	8.8%
v. メール	79.3%	9.1%	0.7% 1.4%	9.5%

（左側区分）
Q3.4.1 基幹業務のＩＴ化状況と計画
Q3.4.2 自社内のIT導入状況と今後の計画
Q3.4.3 取引先（仕入先）との関係
Q3.4.4 販売先との関係
Q3.4.5 本社と支社・服点との間のＩＴ化・報のやり取り

■1. 業務の効率化に役立った　■2. 有用なデータが得られるようになった
■3. 売上や顧客数が増加した　■4. 従業員の士気が高揚した

分類	テーマ	これまでの経営上の重要度		これ迄のIT化対応	満足度・効果	今後の重要度	今後のIT化
		重要とする	重要視していない	IT化済か	非常に効果あった	重要度増す	IT化する更に進める
社員について	社員の採用	64.3%	18.4%	39.1%	54.7%	58.0%	57.8%
	社員の育成	78.4%	14.0%	16.6%	53.3%	63.3%	51.9%
	社員のITリテラシの向上	48.8%	31.9%	71.9%	79.2%	61.9%	65.5%
	社員のモラル向上	78.4%	12.2%	24.0%	76.2%	73.9%	60.7%
	社員の適正評価、適正配置	75.1%	13.9%	15.6%	72.8%	64.6%	54.1%
製品・サービスについて	競争力のある製品・サービスの創造	82.3%	9.1%	30.8%	57.9%	71.4%	63.0%
	製品・サービスの効果的宣伝	73.9%	16.1%	41.7%	51.0%	68.4%	70.8%
	販売力の強化	82.4%	9.1%	39.2%	65.0%	74.9%	72.2%
	既存顧客の維持と顧客単価の向上	75.4%	10.7%	26.2%	63.4%	60.6%	53.2%
	新規顧客の増加	85.3%	8.3%	35.6%	50.8%	67.9%	63.9%
	製品・サービスの品質の向上	85.2%	6.8%	28.1%	69.6%	67.5%	56.3%
	製品・サービスの提供スピードの向上	70.3%	13.1%	33.5%	72.7%	61.0%	58.1%
	製品開発力や技術力の向上	71.6%	13.3%	29.8%	78.1%	63.5%	57.8%
財務について	売上の向上	92.6%	4.4%	62.5%	56.6%	83.4%	82.9%
	利益・財務体質の改善	89.3%	5.4%	62.6%	77.6%	81.9%	79.9%
	人件費削減	59.9%	16.6%	28.6%	69.3%	54.7%	52.2%
	仕入や外注費等の変動コスト全般の削減	74.1%	12.3%	26.5%	64.9%	62.0%	54.0%
	最適な時期に最低限のコストでできる仕組	65.1%	16.4%	21.5%	68.0%	58.9%	54.3%
	電話代、紙・文書等の事務通信費の削減	70.0%	18.2%	49.9%	76.9%	63.7%	68.3%
	設備などの固定費の削減	61.8%	18.1%	19.0%	67.1%	51.2%	44.3%
	資金調達・資金繰りの改善	64.8%	17.3%	25.1%	75.0%	57.4%	52.9%
経営全般について	社内情報の共有・有効活用	75.0%	13.6%	43.9%	76.7%	70.4%	68.1%
	業務の見える化・標準化	72.7%	15.2%	34.7%	76.1%	71.1%	68.4%
	業務情報の電子化による効率化	70.9%	15.8%	54.6%	85.6%	72.1%	75.2%
	会社の信頼性向上	88.0%	5.6%	37.1%	65.8%	68.1%	62.3%
	経営者の意思決定スピードの向上	73.0%	10.4%	25.7%	80.5%	66.5%	59.6%
	災害対応を含めたリスク管理の強化	63.5%	22.5%	23.2%	77.4%	67.4%	62.7%
	親会社・関連企業との連携強化	48.4%	24.0%	25.4%	82.1%	49.0%	50.3%
	親会社:関連企業からのセキュリティ要求への対応	49.3%	25.0%	48.4%	90.5%	62.7%	67.5%
	新規事業への進出	42.7%	7.7%	9.8%	73.6%	45.2%	43.5%
	海外への取引や事業拠点の進出	22.9%	48.2%	5.8%	64.9%	27.2%	28.1%

:成功度ランキングベスト10　　xx.x%:成功度ランキングワースト5
:成功度は高いが、重要視され度合いが小さいテーマ
:成功度は高いが、重要視していない割合か大きいテーマ
:成功度は高いが、IT化が遅れていたテーマ

出典：中小企業のIT活用に関する調査　　作表、着色とコメント：aimcreater　　(C) 2015. アイムクリエイタ

中小企業の経営課題に対するIT化の効果で見ると、基幹系の会計・給与・在庫管理より、社内LAN・メール・グループウェア（予定表など狭い意味とされている）のほうが、業務の効率化に役立ったとしている。

重要なので付け加えます、会社のホームページや基幹系の顧客管理

は役立ったとする割合が低いものの代表です。

　中小企業の経営課題と解決の方向性では、導入以前はそれほど重要と思っていなかった「社員のITリテラシーの向上」に非常に効果があったのは約8割、その波及効果と思われる「社員のモラル向上や製品開発力や技術力の向上」でも、非常に効果があったのは約8割。

　そして、「ITリテラシーの向上とモラル向上や製品開発力や技術力の向上」は、全社的な影響を与える社内LAN・メール・グループウェアによるものとしか考えられないのです。ソフトウェアの性格から見ると、基幹系のシステム（その会社の業務内容と直接関わるシステム）の成功は比較的易しく、グループウェア関連のほうが難しい。グループウェアの場合は、全社を巻き込む必要性や担当ごとの方向性の違いや知識度合いを埋めるための努力が必要になるからだ。大きめの会社では簡単に成功しにくい点を割り引くと、8割の「非常に効果があった」ことは驚異的です。

　これらにより、小規模事業者において優先して導入すべきソフトウェアは、グループウェア関連であることは、明らかである。グループウェアの導入は、導入組織が20人までなら成功しやすく、少人数がむしろ強みに変わる。正に、小規模事業者のためのITといえる。期待して、取り組んでほしいものだ。

以上

こんな会社になれたら、もっと発展できる

❯❯大事なコミュニケーションにもIT

　われわれがコンピュータを利用し始められたころ、まずは巨大な計算機のような存在でした。　その後、特別な目的にだけ対応した専用機、そしてソフトウェアの力を借りてさまざまな目的に応じた汎用機

と、情報技術が発達しました。

　コンピュータ部門の名称も、電子計算課、情報システム部、情報技術部と移り変わりました。私の前職での晩年時代には、情報通信部になりました。当時インターネットなどの通信まで取り扱えるようになり、部門名の変更で強調したのです。その延長にあるのが、会社同士だけではない、従業員同士のコミュニケーションに情報技術を利用すること。

　この後紹介する電子メールやドキュメント共有など、総称してグループウェアが登場します。われわれは、周りの人たちとコミュニケーションを工夫して充実させています。会社の中は、それぞれと寄りかかって仕事に取り組んでいますので、とても大事なことです。

◎仕事の様子を共有できれば

　仕事の内容に関して、詳しく意見交換できるほうが、仕事の効率を上げ、精度を向上させられますが、以前はそのような手段がありませんでした。他に方法がないため、ハロー効果を期待した声掛けや飲みにケーションが行われていたのです。

　職場がギスギスしていれば、ちょっとしたことでも神経を使う。当然能率にも影響します。また、従業員は得てして、自分の給料に不満をもつものです。そして多くの場合、もっともらっていると考える同僚と比較して、自分の働きが優っているとも思っている。そう思っている従業員を説得するのは難しい。説明のできるデータは存在しなかったからです。

　たとえばスケジュール共有で、同僚の忙しさがわかる、実績がドキュメント共有で確認できるとしたら、裏付けのある説得ができる。データの有無、以前と比べると雲泥の差です。コンピュータでコミュニケーションの充実を図り、従業員同士をより密接にできるとしたら、多くの会社で取り組んでいるとすれば、もちろんあなたの会社にも必要です。

グループウェアは必然的に作られたものなのです。

◇ 実は必須な情報共有のツール

少人数であればあるほど、仕事の状態がガラス張りになって、しっかり状況把握した上で、適切な対処ができます。なぜ彼はうまく行かないのか、問いただし、手順の確認をしているうちに、「何とそう考えていたのか」と気づく、そんな経験したことがあります。

そんなすれ違いが、さらに早くにつかめるかもしれない。たった一人でお仕事をされている方も、事務所のご自分と出先のご自分とで情報共有できる、必要時に外部の人に閲覧させることも可能と、お考えください。

グループウェアが実現してくれること。効果を見てみましょう。

効果１：情報共有の速度向上です。

コンピュータネットワーク上で、社員同士が情報や知識を共有できます。それまでは、紙の書類や口頭説明によって、やりとりしていた情報共有が、ネットワーク上で行えるのでスピーディーに情報を共有することが可能になります。

効果２：業務連絡を効率よく行なえることです。

それまでは、電話や顔合わせして、行っていた業務連絡が、新しい手段を交えて行えます。それぞれのコミュニケーション手段の強みを活かせば、漏れや伝達ミスを防いで効率よく連絡できます。

効果３：社内会議の効率化です。

資料に目を通して参加できることや、資料でわかることは、集まる必要がなくなること。テレビ会議は、すれ違いの発生しそうな微妙な問題の時は、面談したいところですが、出張先からも顔合わせの打ち合わせが可能になります。　出張先から帰ってからしかできないことと、天と地ほどの差です。

効果４：書類の電子化による効率化の副次効果：書類のペーパーレス化です。紙媒体でやりとりしていた書類も、書類の共有機能を使えば、一斉に社内に配布できます。プリントアウトの手間が省け、コスト削減にもつながります。

効果５：セキュリティの向上です。

書類が電子化されれば、紛失盗難損耗が防げ、事故が発生しても電子化書類は確保されており、業務の続行が可能です。情報漏えい事故は、紙書類の場合が多いことも認識する必要があります。

効果６：承認・決済業務の効率化です。

小規模事業者においても、有休や早引けの報告、文房具の購入や定期的な資材の購入など、電子化書類を回せば決済できることがあるでしょう。承認を得るために、上司の所に出向くムダを省き、業務をスピーディーに進ませる必要があります。これらの目的が達成された時、大きな成長につながるはずです。

以上

本書の目的と各章の目標

❷本書の目的

本書は、ITが少し苦手の経営者向けの本です。

スマートフォンがなぜ活用されていないか、から導いた結果。根本的に日本にはITが普及していない。じゅうぶんな教育も行われていないし、むしろ報道などで誤解させられていると考えています。その中において、小規模事業者がこの日本でもっとも変わることができる、一番の希望と考えています。

変わることができるその一つは、ITが経営において必要不可欠のも

のであること、それは本書で理解されることでしょう。もう一つの変わることができるのは、所属するすべての従業員を、ITを使いこなす人材に育てられることです。その確信が、本書の出版につながりました。

❯各章の内容と目標

　各章については、次のようになっています。

・「はじめに」においては、主に人もの金がなくてもＩＴ化できること、取り組むべきことがあることを、ご説明します。

　また、グループウェアのおおまかな概念や内容・効果をご説明します。それは、本書で案内する導入システムが、グループウェアの構成要素に当たるものだからです。

・「第一章」はものと金について、実際予算が組めるように、どこまでの装備が必要かご説明します。

　どちらの事業者でも、用意できると思います。

　いわゆるシステムの導入において、小さな会社での取り組みのポイントに触れます。

・「第二章から八章」では、それぞれのシステムが、あくまで私の感覚ですがどうして必要なのか、導入したらどう変わるのか、についてなるべく詳細にご説明します。

　各システムにおいて利用するアプリについての知識がない状態を想定して、提供元の会社やアプリの利用状況などの、私が感じていることをまじえて、ご説明します。

　親しみを感じていただくための工夫です。

　もう一つは、システム導入において、もっとも失敗しやすい原因を取り除く方法をご説明します。

　この点は、長年の教育を踏まえた、多くのシステム導入に取り組んだ、豊かな経験によるものです。

　そして、最初の始め方までが、本書の範囲。

次の段階は、状況によりさまざまなケースが考えられ、それらに触れようとすれば、複雑にしかねないからです。

・その代わりに、「第九章：その他、今知っておくこと」として、次の段階に必要な知識を提供します。

　迷いの元になる「たくさんの情報をそろえ過ぎない」こと、に努めておりますので、簡素すぎるやとりとめがないと感じられるかもしれませんが、IT活用が進み理解を深めると納得されると思います。

・「第二章から八章」では、各システムの概略をつかんだ上で、初期導入を行っていただくのが目標です。

　過不足のない情報をそろえているつもりですので、思い立ったら少しでも早く着手されれば、幸いに存じます。

・操作手順を載せることは、数年経てば古くなってしまいますので、一番おすすめする手順を一とおりとしました。

　この程度の操作でよいことを知っていただくためと、ご理解ください。

❱❱全体を通して

　ITが少し苦手の方々のために、必要なものには定義を加え関連情報を加えて、他での調べが不要になるように工夫しました。そして、表現をなるべく平たくして、部下や同僚への説明に直接利用できる様にもしています。

　読む前と読んだ後、そしていくつかのシステムを導入して使い始めた時、そしてその効果を実感した時、大きな変化が感じられることでしょう。

・本書の範囲を超えて、取り組もうとする時に役に立つのが、巻末の「いろいろな便利なソフト」と「いろいろな便利なサービス」です。

　無料や無料に近いものから、理解しやすいものを選んで紹介しています。

以上

目次

第一章　装備はこれだけ
　　　　小さな会社の進め方 ……………………25

第二章　今どき電話だけじゃすまない
　　　　無料で電子メール ………………………39

第三章　いつでもどこでも資料が取り出せる
無料でドキュメント共有 ················· 63

第四章　個人で使えば秘書が居るよう
無料でスケジュール共有 ··········· 89

第八章　顔を見て話しができる　無料でテレビ会議 ……………………… 175

第九章　その他、　今知っておくべきこと ……………… 201

装備はこれだけ
小さな会社の進め方

装備はこれだけあれば良い

❯❯ メインは従業員のスマートフォン

　会社のIT化を進めようとする時、事務所に少なくとも一台のサーバーと従業員に一人1台のパソコンを与えるのが常識でした。本書では、従業員一人一台のスマートフォン。

　これが、とても素晴らしい。出先でも、歩行中や作業中でも、合間に片手で操作ができます。これから導入する各システムの操作機会を与えることにもなります。設計思想は異なるとのことですが、パソコンに近い能力をじゅうぶんに備えている、優秀なコンピュータです。

❯❯ 事務所のパソコン

　次に必要なのは、事務所のパソコン、文字入力が容易で、画面に表示される情報量が大きいので、入力作業はパソコンで行うのが合理的。複数の画面をならべて、行ったり来たりする作業は、パソコンならではです。便利なソフトやデータ、めったに使わないものでも、入れておける、容量に余裕があります。パソコンとスマートフォン、それぞれ特徴の良いところを活かすため、1台は備えましょう。

❯❯ できればプリンターも

　1万円程度の家庭用プリンターでも、コピーやスキャナー機能を備えた複合機なので、あると便利。「紙詰まり」もほとんど起きません、快適です。ただしなくても、印刷するだけなら、コンビニエンスストアでも可能です。

　私が購入の目安にしているのは、スマートフォンは2万円程度のAndroid、低価格モデルでも、今利用している中国製はとてもよくで

きています。不慣れな方なら、操作方法が尋ねられる先を確保するのがポイントです。

　パソコンは３万円程度の低価格モデルのノートパソコンでよい、私のビジネス用はレノボでした、レノボは中国のメーカーですが、その昔IBMから買い取ったパソコン事業は、世界一です。メーカーも余り気にすることはありませんが、たくさん普及している機種から選びましょう。そして、本書の範囲においては、その他の機器については、考える必要はありません。

以上

従業員のスマホを使うこと。
BYOD(Bring Your Own Devices) が良い理由

❷BYODとは

　これまで、従業員のスマートフォンという表現をしていましたが、各従業員の個人所有のスマートフォンを業務に利用することを想定しています。BYODという言葉があります、Bring Your Own Devices、直訳すると「自分のデバイスを持参」。デバイスは装置という意味で、情報機器と理解します。

BYOD (Bring your own device、ビーワイオーディ)は、従業員が個人保有の携帯用機器を職場に持ち込み、それを業務に使用することを示す。普及状況：BYODは国により差はあるものの、ビジネスの場においては大きな潮流となっている。ＢＹＯＤの普及率は後述の様に調査結果により大きく差があるものの、日本において20〜50％、海外においては、40〜90％とされている。

ウィキペディア

❯❯ BYODは実は正攻法

　日本は遅れていますが、2016年12月の日経の記事「私物のスマホで仕事をさせるDeNA」、大きな会社でも利用されており、一つの有力な考え方なのです。野村総合研究所編の「図解CIOハンドブック」にも、『大きな流れとしてBYODは許可の方向にある』と述べていました。スマートフォンは、機種によって、操作方法が微妙に異なります。　未経験の機種の操作方法はわからないことが多く、持主が何とかするしかありません。

　自主性・自覚を求められること。

　このことがとても大事です。日々の利用に上達すると、「勘が効く」状態になり、操作方法を見つけられるようになります。　2台もつより、より慣れることのできる1台のほうが、会社側にも従業員にもメリットがあるのです。1台だと、電話に加え、活用が広がるので、従来型携帯電話より行方不明や置き忘れが少なくなり、いつでも使える状態になるでしょう。

❯❯ 課題は費用負担

　整理しておく必要があるのは、個人が費用負担しているスマートフォンを業務利用した場合に、会社側がその月々の費用の一部を負担しなくてよいかということ。しかし、月々の費用は千差万別、私のように月千円程度で使用している人から、かつては標準とされていた7,000円台のもの、さらに1万5千円や2万円という方もいます。その費用の一部を負担するのは、かえって不公平な状況です。唯一と思える解決策が、事務所では会社の光回線の通信量をWi-Fiで利用させること。個人の契約が従量料金や上限ぎりぎりで使用されている人たちには、ずいぶん助けになるはずです。

　そして、事務所にいるときは、充電を許可すること。業務で使用す

る以上に充電して構わないことにしましょう。携帯電話による電話連絡は、通常30秒20円掛かります。長時間の架電は費用負担が大きい。本書によって、業務連絡などは、安価な方法にきりかえますので、個人の持ち出しは小さくできるはずです。これらの方法で、全従業員に公平に、会社側も一部費用負担しながら、個人の携帯電話料金を削減する工夫をすることで納得してもらいましょう。

≫ 「会社用のスマートフォンを従業員に与える」極めて真っ当な方法がうまく行かない訳

かつて、従来型携帯電話が普及した後、通信料金の安い簡易型携帯電話(PHS)が登場して、従業員に配布して、内線電話に使わせる試みが行われました。

PHS（ピーエイチエス、英: personal handy-phone system[1]）とは、小型の電話機を携帯し、移動した先で長距離間の通信を行うシステム、またその電話機自体や、それによる移動体通信サービスのことを指す。

ウィキペディア

結果は、PHS自体が生き残れませんでした。数社に実態を聞きました。操作方法がほとんど違わない携帯電話ですら、会社貸与のPHSを使わず、個人の携帯を利用していたそうです。電話帳を二重に管理することの面倒が、もっとも大きな理由だったのでしょう。

「会社用のスマートフォンを従業員に与える」場合の課題を列挙しておきます。

①まず、その会社貸与のスマートフォンでの業務はマニュアルの作成が必要になります。

②操作機会を増やすための対策が必要になります。（たとえば勤怠や日報入力など）

③常時携帯とするか、出社時から帰社までの時間帯だけ携帯とするか。

④会社貸与のスマートフォンでの私用のメールや検索その他の利用
は、どう扱いましょうか。

それぞれ、さまざまな影響があって、目に見えて困ります。

以上

事務所のパソコン・社員のスマホ、ネットにつなぐだけ

◎機器は直接ネットに

　事務所に設置するパソコンがインターネットに接続されれば、すべ
ての機器が安定して高速なインターネットが利用できます。そのため
に必要なのは光回線です。NTT西日本に確認しました。20人までな
ら、通常の光回線一本でまかなえるとのこと。今どき何をやろうとし
ても、インターネット回線一本はほしいところ。それが、月当たり
4000円台で、20人が高速のインターネットにつながります。

　前節で従業員に約束した、「事務所では事務所のWi-Fiに接続して
スマートフォンを操作する」ことも、できる様になります。社内の配
線の概略は、光回線を引いてもらうと、その設置してくれた終端装置
の裏側にはパソコンとLANケーブルで接続するためのポートが３つ
程度ついています。そのポートの一つに無線ルーターを接続し、10
台超えれば、別のポートから二台目の無線ルーターを接続します。そ
れぞれの無線ルーターから飛ぶWi-Fiにパソコンとスマートフォン、
もしプリンターがあれば、そのプリンターもWi-Fiに接続します。

【配線図】

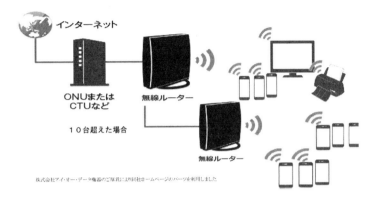

株式会社アイ・オー・データ機器のご厚意により同社ホームページのパーツを利用しました

　これだけで、接続したい機器のすべてがインターネットに接続されました。

❱❱ネットにつなぐ実務は

　① 光回線の手配

　ＮＴＴに申込み：ＮＴＴ以外にも光回線を提供してくれる会社はあります。自社回線を持っていない場合もありますが、ＮＴＴより安価に、早期に提供する場合があります。ＮＴＴ回線は込み合い、他の提供会社の方が快適に利用できる場合もあるそうです。

　一時費用と、毎月かかる回線使用料を見積もってもらい。比較してみましょう。若干の期間を経て、回線工事を行います。終端装置の裏側のLANポートと自社のパソコンをLANケーブルで接続して、インターネットが利用できることを確認すれば、われわれが行う検収は完了です。

　② 無線ルーターの設置

ショップに申込み：家電量販店やパソコンショップなど、光回線以上に施工者は多い。困った時にアドバイスしてくれそうなお店を選びましょう。私は、パソコン専門の量販店に依頼します。前出の記述を念頭に置いて、何社か見積もってもらいましょう。

　無線ルーターとＬＡＮケーブル機器代、出張費とルーターの設定費が掛かります。依頼して数日後には設置可能になるでしょう。終端装置の裏側のLANポートと持ち込んだ無線ルーターを接続し、設定を行います。

　パソコンとスマートフォン１台とプリンターを接続して、Wi-Fiでのインターネットが利用できることを確認すれば、われわれが行う検収は完了です。これにより、すべての機器がインターネットに接続され、相互にやりとりができる様になりました。

　①②とも、それほど多額の費用は掛かりませんし、合い見積もりができるので、安心して発注先を決めることができます。

以上

ソフトウェアも買わずにすませよう

❯❯そのofficeソフト、買わなくても

ワードパッド　<

ワードパッドは、Windows 95 および NT 4.0 以降の Windows に含まれているワープロソフトである。メモ帳より高機能だが、Microsoft WorksのワードプロセッサやMicrosoft Wordより単純である。Microsoft Writeの後継である。ウィキペディア

　固有の機能を使いこなしていなければ、他にもたくさんある代替ソフトでまかなえて、高価なofficeソフトの標準価格４万円が、ほぼ節約できます。

　Windowsパソコンで、ワードの利用が、通常の文章作成程度であれば、Windowsアクセサリー

の中に「ワードパッド」が入っています。一方で、エクセルもワード
も、スマートフォン版なら無料で使えます。サブノートと呼ばれるモ
バイルPCでも、画面が10.1インチ以下なら、エクセルもワードも、
無料です。さらに無料のオンライン版もあります。

❱無料サービスやソフトを活用しましょう

　今の世の中、無料サービスがあふれています。私は2014年に、従
来型携帯電話からスマートフォンにきりかえた時、驚いた。ふんだん
にある無料アプリがとても優秀なのです。

　次に紹介する本、お読みになっていなければ、軽く目を通していた
だいて、ヒントを得てください。

フリー〈無料〉からお金を生みだす新戦略 –

2009/11　クリス・アンダーソン（著）

「世界的ベストセラー『ロングテール』の著者が描く
21世紀の経済モデル」

　「〈フリーミアム〉という新しいビジネス
モデルを提唱し、ビット世界の無料経済に
正面から取り組んだニューヨーク・タイム
ズ・ベストセラー」

　なぜ、一番人気のあるコンテンツを有料
にしてはいけないのか？
　なぜ、ビット経済では95パーセントを
タダにしてもビジネスが可能なのか？

あなたがどの業界にいようとも、〈無料〉との競争が待っている。
それは可能性の問題ではなく、時間の問題だ。
そのときあなたは、創造的にも破壊的にもなり得る
このフリーという過激な価格を味方につけることができるだろうか?

●無料のルール

1.デジタルのものは、遅かれ早かれ無料になる

2.アトムも無料になりたがるが、力強い足取りではない

3.フリーは止まらない

4.フリーからもお金もうけはできる　　以下省略

　上記の「1.デジタルのものは、遅かれ早かれ無料になる」と「4.フリーからもお金もうけはできる」に注目。次に、無料サービスが、なぜ無料なのか、ごく簡単にご説明します。

❯❯ 「タダより高いものはない」と思っている方に

	Google検索などは、利用情報と引き換えに、ほぼ無料で利用できる。利用情報に合わせた広告の表示を連動させているので嫌う人もいるが、無料を実現させるために利用者に役に立つ可能性のある広告が表示されるだけであれば、良心的とも考えられる。
	LINEなどのメッセージサービスは、基本は無料。有料スタンプなどの機能やアイテムの追加が有料のアドオン課金タイプ。無料の範囲で利用すれば、これ以上は望めない。

	Googleドライブなどの記憶場所提供サービス、無償版で体験し、容量を増やしたり機能を増やしたりするためには有償版への移行が必要なフリーミアムタイプ。容量などの管理ができれば、これ以上は望めない。
	フリーミアムとは、基本的なサービスや製品は無料で提供し、さらに高度な機能や特別な機能については料金を課金する仕組みのビジネスモデルである。 ウィキペディア
これら以外	広告収入で成り立たせているもの、後段でご説明するカムスキャナーはこのタイプに近い。

　各サービスとも、収入がなければ、成り立たないので、惜しまれながら撤退したサービスも多い。現在残っているものは、競争の中で機能を充実させ、収入の道も確保した上に、基本機能を無料で提供を実現した、抜群のものばかりです。無料の理由を知っていれば、利用しない手はないことも、ご理解いただけたことでしょう。

　良いものがたくさんあるけれど、それがどんなものでどう使ったらよいか、手っ取り早いのは習うこと。費用を掛ける余裕があれば、使い方にかけましょう。

以上

小さな会社での進め方

　小さな会社にすべての機能は不必要だ、必要なものから。

　もっともではありますが、みなさんは必要という言葉を狭く考えてはいけません。これまでのやり方を変えれば、とても便利なものがたくさん、その便利を利用するのです。

❯美味しい所を少しだけ使う

　それでは、その便利なものをどう扱えば良いでしょう。

　たとえばZoom（テレビ会議）のもっとも効果的な部分は、離れた場所同士が、顔を見ながら打ち合わせできること。本書の下書きを書いている今日、Zoom招待者側2回目、広島の私と、呉の方と三原の方の三者で45分の打ち合わせをしました。パソコンにある資料を画面に表示する「情報共有」という方法もありますが、余り利用しません。私が見てほしい資料は、事前にメールで送信するようにしています。それでも話の流れで、LINEのIDを交換したいと仰るので、相手のQRコードをZoomの画面越しに読み取って、メッセージを送りました。

　基本操作だけでじゅうぶん、一番効果的な「対面しての会話機能」をじゅうぶんに利用しました。　便利な道具も、美味しい所の少しだけ使うのがもっとも効果的です。あくまでも私のイメージですが、右のグラフの様に、横軸が利用する技術の数、縦軸が効果度。最初の試みでもっとも大きな効果を得て、新たな技術習得の効果は、次第に小さくなる。

たくさんのツールを利用すべきですから、一番美味しいところまで、薄く広くがコツです。それも、一つひとつを使い込んで、ご自分のものにするのがよいですね。

≫すべてのツールの導入に共通のポイント

私が前職時代、システム導入に際して、常に意識して取り組んでいたこと。

・それぞれのメンバーが、自分のものになるまで、繰り返し使う。それまでは、辛抱強く。ＮＨＫの逆転人生で紹介され、好きになった言葉、たったふたつのコツとは？

　答えは「こつこつ」

・「自然に」は期待できないので、嫌にならない程度の強制力　日常業務に組み込む。必然性の設定ができないものは、嫌にならない程度の決めごとにします。嫌になりそうなら、いったん避けましょう。

・一人の脱落者も作らない。そのため、ハードルを下げて、始めやすく、そして徐々に広げる。

みなさんの会社では、脱落者が出ると、それがたとえ一人でも、影響が大きいのです。前職時代は、「小さく生んで大きく育てる」と言っていました。最初の一歩を皆が踏みしめる、そして二歩目三歩目と進むこと。それぞれの一歩を、お互いに褒めましょう。立ち止まらなければ、着実に進歩します。

・期待感のあるうちに、便利を実感できるようにする。多くの従業員に、その気になっていただくこと。最初から全員が好きになるのはムリですが、一人でもファンになると、グループ全員に波及します。

≫少人数を強みに変えましょう

みなさんの会社は少人数ですから、少人数を活かして、二人一組になって練習する。社長さんもメンバーの一人です、それなら、負担も

軽くなります。励まし合って、やりましょう。

　楽しみながら進めるのが一番ですが、苦しくても、どこかで目に見えて上達する日が来ます。各種のツールを使い始めると、機器の操作が楽になり、本書以外のツールも簡単に利用できます。機器の操作を普段使いにする効果です。普段使いの効果を目標にチャレンジすると、弾みが付きますよ。

　そして、全従業員が慣れたら、社内で利用するためのルール作りをします。これは、価値観を共有することです。

　メールなら、１時間に一度メールチェックしましょう。いや１日一度に。だとか。夜間のメールへの返信は原則的に翌朝勤務時間に行う。など。お互いさまですから、共通の理解の元に利用しましょう。

　そして、不都合が生じたら、話し合って、より良いルールに変えてゆくのです。しっかり、議論することも大事です。

　さて、システムの導入への努力、イメージが違ったと思います。他のどんな仕事とも一緒、とても泥臭い。泥臭く努力して、スマートな仕事ぶりが実現します。

以上

第二章

今どき
電話だけじゃすまない
無料で電子メール

だから会社にこれが必要

❯全従業員にメールアドレスを

　どんな会社でも、すべての従業員に仕事用の個人メールアドレスが必要です。

　連絡手段のメリット・デメリットを把握するhttp://www.business-manners.net/basic/category35/entry78.html

---

　メールは場所や時間、数値などを伝えるのに確実性があります。電話では聞き違いが起こることもあり、また相手にメモをとらせる手間を強要することにもなります。また、相手が不在であっても用件を送信しておけるため、送る側も受け取る側も都合のいい時間帯にやり取りをすることができるのです。

　私は、名刺にメールアドレスがない場合、縁のないお方と判断します。

　名刺に仕事用の個人メールアドレスの記載がある。相手の会社は、全従業員にその方個人用のメールアドレスを与えている、メールの実用性に理解のある進んだ会社と認識します。相手の会社を取引先候補・相手の方をお付き合い先の候補として見た時、名刺の仕事用の個人メールアドレスで、確実に連絡のつく方と、受け止めます。

　名刺のメールアドレスが、たとえば会社用のメールアドレスだけの場合は、返事が遅いやない場合さえあるので、信用しません。またドコモやａｕなどのメールアドレスですと、私用のアドレスを仕事用に転用しており、さまざまな理由で見逃されることが多く、やはり信用しません。その点、その方の個人用の会社メールアドレスへのメール連絡だと安心。退社されていて、返答が頂けないこともありますが、その場合はその方への用事も自然消滅です。

》一人一アドレスの意味

「電子メールの走り」のころ。何人かでアドレスを共有していました。それが、個人別の固有のアドレスになった瞬間、とても使い勝手がよくなった。操作方法うろ覚えの状態からも、卒業できました。私がメールに開眼した1日1往復のころと比較すると、今のメールはさらに便利になりました。同じメールアドレスで、パソコン・スマートフォンどちらからでも送受信が自由自在にできる。

その結果、熟練者同士だと、1日何往復ものやりとりができます。屋根修理のセカンドオピニオンが必要になり、インターネットで調べた業者さんに連絡してみました。見積もりやらその説明やら、iPhoneでもやりとりをしてくださり、すべてが営業日一日で済みました。その折は、「父と相談済みと提案された」屋根修理屋さんとお付き合いすることにしましたが、次の機会には、iPhone屋根屋さんにぜひお願いしたい。

iPhone屋根屋さんにとっても、私とのやりとりは快適だったろうと思います。双方が効率的で、お互いさまだ。これが、本当の働き方改革＝仕事の効率化だ。

ご自分の会社の取引先は、メールは利用しないだろう。とおっしゃる方。それでも、社内のやりとりは効率化できます。

私のメルマガ、反応は少ないが、案外読んでいただいている。わずかでも、ファンになったり、お手伝いをいただけたりと、予想以上に意味がありました。2020年の春、私のしかけたオフラインイベント、コロナで開催できなくなった時に、分散開催で片づけようとして申込者に連絡する。会社住所地何度訪問しても会えず、それでいてメール連絡はできる人がいらっしゃいました。

相手の望む、あるいは、望まなくても対応できる手段で連絡する。これまで、お付き合いのなかった方が、メールを好む方の場合やメー

ルなら連絡のつく方であることも、あるのです。その連絡をしなかっ
たので、わかっていないだけ。

　大昔になりましたが、社内ＬＡＮ導入企画のために買いそろえた本
の中に、ＬＡＮのことを、書籍のタイトルで電子メールシステムとし
たものがありました。電子メールの効果をもっとも大きく実感できた
のだろう。そう思いました。メールは大きな強みを持っており、これ
までの連絡手段に加え、活用することで、より豊かなコミュニケーショ
ンを取ることが可能になります。うまく使えば、大きなインパクトの
あるシステムなのです。

以上

導入のメリット

❯❯社内外のやりとり、これからどう変わるか

　前職IT部門のマネジャー時代、全社LANの構築を目指し始めたこ
ろ、同業他社大手のIT部門マネジャーが地元で講演することを聞き
つけ、会社に招いたことがあります。部下と二人でいらっしゃり、部
下の方の話「マネジャーの顔が見えても、メールを送る」というので
す。「マネジャー忙しくしてらっしゃるので、お手すきの際にご確認
ください」という訳だ。

　考えても見てください。思いついたら、上司にすぐ声を掛けるので
しょうか、普通は声を掛けられそうになるまで待ちます。前者の場合
は、上司の手持ちの仕事をいったん中断することです。（中断すれば、
ペースを取り戻すのにどれだけの時間が必要か）。後者の場合は、部
下が上司の観察に目配りするため、手元の仕事はおろそかになります。
（部下の心の声「いまかな」「怖い顔をしている」「少し待てと言われたら、
上司の邪魔になる」：他人のことだと、確かなところはわからない。）

社外での打ち合わせの時、紙資料で準備する場合、可能性のある資料すべてをコピーなりプリントするなりして、持ってゆく。相当な作業量です。用意しすぎて、その場で見つけられない事態もありえます。

　その上、幾ら用意しても、別の資料が必要な場合もあります。必ず、余るか足りないかで、いつもピッタリとはいきません。メインの資料は持参しますが、その他はメールに添付しておけます。資料を漏れなく利用した、打ち合わせを完結させることができるのです。

　事故現場なら、写真や動画を送って、上司の指示を受け、その場で応急手当ての手順を確認できる。これができれば、社内の改善のみならず、お客様の満足につながるだろう。

　他社とのやりとりで経験したのは、同業他社に依頼しなくても、資料を送ってもらえる間柄になれました。それもオフィス文書でいただけるので、自社資料に作り替えておいて、使える日の備えができました。このオフィス文書で、会社をまたいで手に入ることは、感動ものでした。

❯❯メールのメリット

　一般社団法人日本ビジネスメール協会の＞ビジネスメールの書き方＞　メールのメリット

　https://business-mail.jp/mail-writing/10578

　ビジネスメールには、以下の7つのメリットがあります。このメリットを理解することで、より円滑なコミュニケーションをとれるようになります。

　相手の時間を拘束しない
　コストがかからない
　同時にたくさんの人に送ることができる
　デジタルデータのため加工や二次利用がしやすい
　検索性にすぐれている
　履歴を追える
　瞬時に届く

一般社団法人日本ビジネスメール協会　監修
ⓑ ビジネスメールの教科書
マナー・書き方・送り方から活用術まで

ファクシミリも、市内1分以内で8円かかるそうで、これとの比較でも優位にあります。

また、「瞬時に届く」については、回線や送受信機の具合により、若干の紛れがあり、文字通りの「瞬間」には期待せずに利用しています。それでも、書類のやりとりを郵送で行うことを考えると、圧倒的に早い。その比較において、瞬時と表現されているものと、推察します。

まず社内で、活発に利用することで、上記の効果を得た上で、社外にも適用できる。社内外でのコミュニケーションを大きく改善させ、情報交換の効率化とスピードアップを目的として、取り組みを始めましょう。

以上

無料で使える
グーグル（Google）のGmail

》Googleのサービスのはじまり

無料のメールサービスは、Google以外では、yahooメールが有力です。Gmailがより一般的でAndroidのスマートフォンには備わっており、Play Storeの評価は3.4と3.7のyahooに逆転されたものの、利用者は千倍と、圧倒しています。インターネットを利用し始めたころ、不慣れな指先で長いアドレスを入力していました。何度も失敗する。それから、検索サービス戦国時代には、たくさんのサービスが競っていました。キーワードで探し当てる「検索性能」を競ったおかげで、知りたいことが簡単に手に入ります。

Googleが抜きんでて頂点へ、yahooも検索エンジンはGoogleを利用しています。戦国時代を制したGoogleが、とても優れていたことを示しています。利用者が検索した履歴を記憶して、その検索の傾

向から、より似つかわしいものを検索結果として、提供する。これ以上の便利はなく、多くの人にとって、かけがえのないサービスと考えています。

❯❯そして Gmail

　先進的な方々は、ずっと以前から便利なものとして、利用していました。Gmailとは何か?Gmailについて詳しく説明https://office-hack.com/gmail/what-is-gmail/ によると

　Gmailとは、Googleが提供するフリーメールサービスです。2004年にサービスがスタートし、スマートフォンの普及に合わせてユーザー数が増えています。全世界での利用者数は2018年の段階で15億ユーザーを超える世界最大規模のメールサービスです。
　オンライン上のサービスのため、インターネットへ接続できる環境さえあればスマートフォンやパソコンなどのデバイスを問わず利用することができます。
　また、携帯電話会社のキャリアメールなどとは異なり、キャリアを問わず利用できます。そのため、キャリア変更や機種変更などでデータが消えてしまう、メールアドレスが変わってしまうなどの心配がありません。
アカウントを登録するだけで、無料で利用できます。1人で複数のメールアドレスを持つこともできるため、プライベート用、ビジネス用と用途をわけて使用することもできます。

Gmailを使うメリット
　①無料で利用できる
　②パソコン、スマートフォン、タブレットなどの機種を問わずマルチデバイス（さまざまな端末で共有）で利用できる
　③アカウント作成後はログインするだけで簡単にアクセスできる
　④セキュリティが高い
　⑤迷惑メールのフィルタリング（自動的に除外する）機能が優秀
　⑥メール検索の機能が優れている
　⑦受信メールの自動振りわけができる
　⑧アカウントを取得すると他のGoogleサービスも利用できる

　私が、とくに重要と思うところに下線をひきました。

一般的と思われる有料のメールより、無料のGmailが多くの点で優れている。

　その上、Gmailについての利用方法は、インターネットなどで広く紹介されており、課題の解決の助けになる。「マルチデバイスで」とは、一つのメールアドレスをどの機器からも、という意味です。

　「アカウント」とは、あるサービスを利用する権利がある登録会員の様なもの、名前(ID)とパスワードで、そのサービスを利用できるようになるもの。素晴らしいサービスです。

以上

取り組みのポイント難易度

❯皆でメールの勉強を

　まず、メールの基礎知識を知ること、従業員内で共通認識が必要です。私の独自情報では、

・**電話について**
よく使う３２％　　中ぐらい３７％　　余り使わない３１％
・**メールについて**
よく使う２７％　　中ぐらい３６％　　余り使わない３７％
・**ショートメッセージについて　使うべき時に使えますか？**
ＹＥＳ７３％　　半々１５％　　ＮＯ１２％

　４割近い人が、メールを余り使わないと回答。ショートメッセージは、使うべきに使う方が７３％となっている。対して、メールをよく使う人は２７％。ショートメッセージはマスターしたが、メールはそれほどにはなっていない。多くの方が利用されていても、じゅうぶんな理解ができてない可能性もあります。

❯❯メールの基本

ある大学の教科書から

メールは、「ネットワークを通じてやりとりする、電子的な手紙」のことである。単に「メール」と呼ばれたり、e-mail（electronic mail）とも呼ばれる。最近では、文字だけではなく、各種のデータを「添付ファイル」として、メールに添付して送信することもできる。メールは、基本的なコミュニケーション手段として、現在では欠かせないものになっている。

ID とパスワードについて
・メールソフト（推奨のメールシステムの場合は Gmail）で使用する User-ID とパスワードを確認する。
　パスワードは、同じ会社内でも、絶対に人に知られてはならない。
・自分のメールアドレスを知る。
　ユーザー名@xxxxxxx.xx → 一文字違っても違うアドレス！
・メールを使う流れを知る。
・メールを使うためのマナー・エチケット（ネチケット）を知る。

メール利用の流れ
1. メールを送信する　□メールを書く→メール送信→相手に届く
2. メールを受信する　□ メールを受信→読む→読み捨てる

　　　　　　　　　　　□ メールを受信→読む→保存する

　　　　　　　　　　　□ メールを受信→読む→相手に返事を送る（返信する）

メール送信時に指定すべき要素
・宛先（To:）：相手のメールアドレスを入力。複数指定可能。メールアドレスは「半角」で。
・件名（Subject:）：「表題」などともいう。一目みて内容がわかるタイトルを1行以内で簡潔に。
・本文：
・宛先（Cc: と Bcc:）：
　宛先の指定方法には、To: の他に、Cc: や Bcc: などがある。
　Cc:「カーボンコピー」の略。同じ内容を写しとして別のアドレスにも送る場合に使う。
　Bcc:「ブラインドカーボンコピー」の略。Cc: と似ているが、写しが送られていることが
　　　受信者にはわからない（Cc: の場合はアドレスが受信者に公開される）。他の受信者
　　　に知られずに同じ内容を別の人にも送信しておきたい場合に使う。

未経験の人にとっても、電子的な手紙とイメージしやすいのですが、上記のように詳しく説明を受けると、とまどいます。

❷取り組みのポイント

　導入は、簡単に結果が確認できるので、比較的やさしい。

　メールが余り使えない方々に焦点をあてて、ご提案する、もっともハードルを下げた始め方。技術面では、次の2点です。

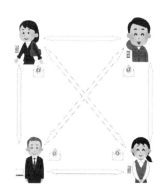

　①メール未経験者への対策
　②文法を面倒と感じるので、社内
　　では、簡便法を取ること
　運用面では、
　①嫌にならない程度の強制力　日常業務に組み込む
　②社内での運用ルールを作る
　　運用ルールで大事なのは、紙の手紙と同様、相手に届いたか読んだか、返事がなければわからないこと。そのため、1要件一周半とし、双方に相手に届き読んだことを知らせます。

❷最初の社内ルール

　・1日以内返信
　・帰宅後、休日の返信は求めない
　・本文は、宛名と要件のみ　あいさつ文と結びの言葉は省略する
　・LINE世代は省略しますが、件名は大事にしましょう
　・Cc: と Bcc:は、使用しない
　1日一度の送受信のために、社長からは今日の一言　従業員からは本日の予定　始業時に送信以後、上達に合わせ、半日以内返信に　場合によっては「Cc:も利用する」など変更していきます。

ごくごく簡単なルールで始めて、初心者の負担を極力小さくしましょう。経験を踏むとともに、皆の理解に合わせて、納得ずくでルールを加えてゆく。様にしましょう。

以上

二章から八章で利用するアカウント

❯❯みなさんのメールアドレス

　社長を含む従業員全員に、仕事用として一つずつ設定します。個人事業主の方は、お手伝いをして下さる方にも設定しましょう。

　さらに、会社用や個人事業主さんは屋号にも、一つ設定します。

　Gmailのメールアドレスの構成は、任意の文字列＋@gmail.com

　この@gmail.comは、Gmailのドメインです。ドメインとは簡単にいうとインターネット上の住所のこと。Gmailのメールアドレスを取得すると、ドメインは「@gmail.com」です。通常の一般ユーザー向けのGmailを使用する場合はこのドメインの変更はできません。

　ドメインの前の文字列をユーザー名と呼び、同じGmailのメールアドレスで登録がなければ、自由に設定できます。設定できれば、世界でたった一つ存在するメールアドレスになるので、世界中の方と、交信できます。

　このユーザー名を工夫して、仕事用に利用する会社で統一感のあるメールアドレスを作りましょう。

　Androidのスマートフォンお持ちの方は、スマートフォンの使用に必須ですので、個人用としてすでにお持ちですが、無料で複数のメールアドレスをもつことが可能です。今回のものを会社用として、併用します。

あ	い	う	え	お
1	5	7	8	0
か	き	く	け	こ
1	9	9	6	5
さ	し	す	せ	そ
3	4	3	7	3
た	ち	つ	て	と
8	5	2	10	10
な	に	ぬ	ね	の
7	2	3	4	9
は	ひ	ふ	へ	ほ
8	1	2	7	4
ま	み	む	め	も
0	3	6	8	6
や		ゆ		よ
8		9		4
ら	り	る	れ	ろ
5	7	6	0	6
わ		を		ん
1		0		2

❱❱ユーザー名の与え方

　ユーザー名の後半で、全社共通の会社名を表します。かなを数字に変換するための読み替え表のご紹介をします。パスワードなど、英字と数字をまじえて作成するのが定石で、覚えやすく作るためのもの。インターネットで紹介されていたものに手を入れ、0〜9の数字の出現数をならした改良版を、作りました。Gmailの場合は、迷惑メール対策の英字と数字をまじえる必要はありませんが、携帯メールアドレスなど、ごく一般的な英字と数字交じりの文字列を使用すると、ユーザー名を短縮する効果があります。

　中村太陽：アイムクリエイタaimcreaterの場合
　前半の社員名のところは、たとえばtaiyo　名前から
　後半の会社名のところは、たとえば156sozo 全従業員共通
　（あ→1、い→5、ム→6を上の表から）
　（creater→創造→sozo、の語呂合わせ）
　メールアドレス全体は、taiyo156sozo@gmail.com。
　会社用は、info156sozo@gmail.com。
　infoはinfomationの略、会社用によく利用されています。ホームページからの問い合わせなどは、このアドレスに集めます。

❱本書におけるアカウント

　このGmailではメールアドレスと呼ぶものは、Google全体のサービスにおいては、Googleアカウントです。

コンピュータ用語でのアカウント は、ユーザーがネットワークやコンピュータや
サイトなどにログインするための権利のことである。ユーザーに割り当てられた
アカウントをユーザーアカウントとも呼ぶ。たとえば、ネットワークにログイン
するためのアカウントや電子メールを送受信するためのアカウントなどがある。

ウィキペディア

　三章から九章で利用する、それぞれのアプリでは、アカウントが必
要になる場合がほとんどです。共通のものを使用するのが何かと便利
です。会社情報の管理は、会社用アドレスで、従業員個々人の情報の
管理は従業員アドレスで行います。このことから、社長さん個人の情
報の管理は社長さんの従業員アドレスで行います。

本書におけるアプリ(章)別のメールアドレス利用状況

章	アプリ	会社用	従業員	備　　考
二章	Ｇｍａｉｌ	使用	使用	会社専用を新たに作成します
三章	Googleドライブ	使用	使用	
四章	Googleカレンダー	使用	将来使用	
五章	LINE	不使用	使用	すでに利用中なら、そのまま
六章	カムカード	使用	不使用	本書を超えて利用する場合は、事情は変わります
七章	カムスキャナー	不使用	不使用	
八章	Zoom	不使用	使用	

　アカウントとして利用するためには、パス
ワードが必要です。GoogleのGmail・Google
ドライブ・Googleカレンダーは、同一アカ
ウントの場合はパスワードも共通。その他の
LINE・カムカード・カムスキャナー・Zoomは、
それぞれ独立したサービスです。

　たまたま同じメールアドレスをアカウントＩ
Ｄとして利用しているだけで、異なるパスワードを設定しましょう。

以上　51

操作手順と進め方

　社長以下全従業員が、それぞれの機器でGoogleアカウントを作成します。

≫ Googleアカウントの作成　パソコンの場合

1：最初にGoogleのトップページ（https://www.google.com/）にアクセスし、右上の「ログイン」を左クリック。

別アカウントでログイン済の場合は、「ログイン」の代わりにアカウントのアイコンが表示されているので、そのアイコンを左クリックし、「別のアカウントを追加」を選び、次の画面で「別のアカウントを使用」を選べば、2の画面になります。

2:「アカウントの作成」のボタンを左クリックすると選択が表示され、「自分用」を左クリック。

ちなみに、「子供用」は13歳未満の子供向けアカウント。
「ビジネスの管理用」は有料の G Suite 向けのアカウントとされている。

IT用語がわかる辞典「アイコン」の解説
アイコン【icon】とは　コンピューターの操作画面上で、ファイル、アプリケーションソフト、特定の処理を小さい図柄で表現したもの。アイコンの上にマウスカーソルを重ね、クリックなどの操作により、ファイルを開いたり、アプリケーションソフトを起動したりすることができる。
　　　　　　　　　　　　講談社IT用語がわかる辞典
本書では、マークと表現している所があります

3：氏名・ユーザー名：パスワードを入力

入力項目は「氏名」「ユーザー名」「パスワード」の3つで、すべて必須
・氏名：氏名を入力する際に本人確認はないので、芸名やニックネームでも問題ありません。ただし登録した名前は、Gmailの宛先やYouTubeのコメント欄など、あらゆるGoogleのサービスを使用する際に表示されます。

また、「Gmailは本名、YouTubeはニックネーム」など、1アカウントで複数の名前は使いわけられません。
・ユーザー名：「～@gmail.com」の～部分に当たります。
・パスワード：半角英字・数字・記号を組み合わせて、8文字以上で入力します。
　パスワードを忘れるとログインできなくなるので、必ずメモしておきましょう。

4：生年月日・性別を入力

　必須項目の「生年月日」「性別」を入力、生年月日や性別が正しく入力されているかは確認されませんが、必ず正確に入力下さい。
任意の「電話番号」「再設定用のメールアドレス」については、後日入力されることをお勧めします。
　パスワードを忘れた際の「再設定用のメールアドレス」など、今回作成されるアカウントの保護に役だちます。

5：利用規約に同意
下までスクロールすると「同意する」ボタンが表示されるので、左クリック 以上で登録完了

　プライバシーポリシーと利用規約は、自動要約にて紹介「お客様がGoogle を利用した場合にGoogle が処理するデータ 登録した名前、メールアドレス、電話番号などの情報がGoogle に保存されます。Google サービスにおいて、カスタマイズされたより有用なコンテンツ（たとえばより検索結果）を提供できるようにするため。詐欺や不正使用を防いでセキュリティを向上するため。分析や測定を通じてサービスがどのように利用されているかを把握するため。Google には、サービスがどのように利用されているかを測定するパートナーもいます。こうした広告パートナーや測定パートナーについての説明をご覧ください。(myaccount . google .com) でいつでも行えます。データやそのデータの用途は、ユーザーが管理できます。」

❯❯スマートフォンの場合

内容についてはパソコンの場合の記述を参考にしてください

1:アプリの中より[設定]をタップ
[設定]アプリは、歯車マークの場合が多い

─────────────────────────────

2:[アカウント]をタップ

─────────────────────────────

3:[アカウントを追加]をタップ

─────────────────────────────

4:[Google]をタップ

─────────────────────────────

5:[アカウントを作成]をタップ

─────────────────────────────

6:[自分用]をタップ

─────────────────────────────

7:名前を入力し、[次へ]をタップ
[設定]アプリは、歯車マークの場合が多い

─────────────────────────────

8:生年月日と性別を入力し、[次へ]をタップ

─────────────────────────────

9:[自分でGmailアドレスを作成]を選択
任意のGmailアドレスを入力します。入力後、[次へ]をタップ

─────────────────────────────

10:パスワードを設定
確認用を含め、2カ所へ入力し、[次へ]をタップ

─────────────────────────────

11:電話番号活用の有無
電話番号の活用を追加するかどうかの選択画面が表示されます。スキップでよいでしょう

─────────────────────────────

12:「アカウント情報の確認」画面が表示されます
[次へ]をタップします

─────────────────────────────

13:プライバシーポリシーと利用規約をご確認ください
ページ最下部までスクロールし、[同意する]をタップ

❯❯Gmailの始め方 パソコンの場合

パソコンでのGmailへのログインから受送信

アプリ一覧は並びが変
更できます
表示順が異なる場合が
あります

**1:最初にGoogleのトップページにアクセスし、右上端中央よりの
「Gmail」かアプリアイコンを表示させて、Gmail アイコンを左
クリック。** https://www.google.com/

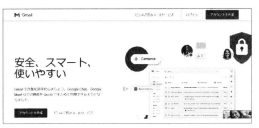

**2:右上方の「ログイ
ン」を左クリック**

**3:「メールアドレス」を入力し、「
次へ」を左クリック
「パスワード」を入力し、「次へ」
を左クリック**

・その結果が右の画面です
・ログイン済なら、2は不要です

Gmailへのログインが完了［受信トレイ］が表示される Googleチームからのメールを確認する
一般送受信メールはメインに その他の広告などは、ソーシャルやプロモーションに入ります

ブックマークを登録しておきましょう

ログアウトしなければ、いつでもGmailが利用できます

※メールを読むには
メール一覧は、送信元・本文・日時が表示されます 本文を左クリックすれば、メールを開けます。

※送信元に返信するには
開いたメールの送信元の行端の◀ を左クリックします。本文を入力して、左下の青い送信ボタンを押すだけで、送信できます

メールを新規作成します

左上［＋作成］を左クリック 新規メール作成のためのウィンドウが画面右下に表示されます 送信先のメールアドレスを入力します 件名と本文を入力し 左下の青い送信ボタンを押すと、送信が完了し、元の受信ボックスの表示に戻ります 送信済トレイを押すと、送信したメールの履歴が確認できます

❯❯ スマートフォン (iPhone) の場合

内容については上記のパソコンの場合の記述を参考にしてください

1:「App Store」のアイコンをタップ
インストール済なら1)2)3)は不要 また、Androidの場合はPlay Storeから
....

2:「App Store」へのサインイン
「既存のApple ID を使用」を選択し、ID・パスワードを入力後「OK」。
....

3:アプリをインストール
アプリを検索します。検索窓に[gmail] と入力。「Gmail Googleのメール」にある「入手」をタップ＞「インストール」をタップします。
....

4:Gmail の起動
App Storeの画面に戻るので、インストール後「開く」をタップします。
....

5:Gmailへのログイン
Gmailのログイン画面が表示されます。メールアドレス、パスワードを入力し、「ログイン」。
....

6:プッシュ通知機能の選択
(許可or不許可)を選択します。基本は許可して、プッシュ通知を利用します。
....

7:受信メールを見る
「受信トレイを開く」をタップ。
....

※次回利用したいときは
ログアウトしなければ、Gmailをタップで利用できます
....

※メールを読むには
本文をタップすれば、メールを開けます。
....

※送信元に返信するには
開いたメールの送信元の行端の◀ をタップします。本文を入力して、左下の青い送信ボタンを押すだけで、送信できます
....

8:メールを新規作成します
新規でメールを送りたい場合は、右下にあるペンのマークをタップすれば、メールの新規作成画面です。
....

内容を入力しましょう
送信先のメールアドレスを入力します 件名と本文を入力し左下の青い送信ボタンを押すと、送信が完了し、元の受信ボックスの表示に戻ります 上段左の ≡をタップして　送信済トレイを押すと、送信したメールの履歴が確認できます

Gmailのアドレス帳　連絡先について

　本書では、すべての連絡先を人脈管理システム、名刺管理アプリに登録利用すると想定していますが、https://contacts.google.com/にアクセスすれば、Gmail用にアドレス帳を作成できます。

❯❯ 電子メールの初日

　全員での作業を終え、Gmailが利用できる様になりました。二人一組になって、一方の方から相方にメールを送ります。メールの内容は簡単な件名、メールの本文は、××様　と要件のみの簡素なものがよいでしょう。通常、受信に時間を要しません。時間がかかる様でしたら、受信側のスマートフォンを再起動してみましょう。

　メールを受信したら、そのメールから返信します。次に相手を変えて、同様のやりとりをします。次々に相手を変えて、全従業員とのやりとりを終えたら、受信ボックスに全員からのメールがあることを確認します。無事、初日の目標を達成です。

　全員とのやりとりは、相手の力量を把握できる。また受信ボックスに全員のメールがそろうことで、次のメールの機会に、相手のメールを開いて返信操作することで、簡単に返信メールが作成できます。初心者は、返信だけ覚えて、新しい相手とのやりとりは、相手方からメールをもらって、始めましょう。

以上

次に利用したい使い方

❯❯ 最初にチャレンジするのは

　画像の貼り付け：パソコンでは、インターネットの画像やオフィス文書を開いた状態で、スニッピングツールで必要な範囲を切り取り、

メールの本文域に貼り付ける（ペイスト）。

スニッピングツールとは

　画面の一部を簡単に切り取り、画像保存ができるWindowsの標準アプリです。

　ファイルを添付：パソコンでは、メールを開いた状態で、添付をクリックして、ファイルのある場所を探し、該当ファイルを選ぶことで、添付できます。

　スマートフォンでは、機種ごとに操作が異なりますが、

スクリーンショット

（画面の画像）をとります。

　その状態で、すぐ共有マークやを押せれば、メールを呼び出し、メールを作成します。

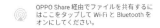

　ファイルを添付：ファイルマネジャー（機種ごとに名称が異なる）を開き、目的のファイルを選び、共有マーク、メールを呼び出し、メールを作成します。

　一斉メール　宛先にアドレスを加える方法、Ｃｃにアドレスを加える方法　パソコンでもスマートフォンでも同様に行えます。従業員への一斉メールは、アドレスが互いに見えることによる支障はありません。社外向けの一斉メールは、すべてのアドレスをＢｃｃにならべるのが、礼儀です。

Bはブラインドの頭文字で、届いた相手に、他の送り先のメールアドレスは見えないので、個人情報とされるメールアドレスが漏れない方法です。

署名

ビジネスメールに、利用するものです。相手が、名刺を探す必要がないように、一式の連絡先を載せて置く。本人であることの証しといった意味合いがあり、丁寧な印象を与えることもできます。メール管理ソフトには、署名の登録機能を備えていますので、それを利用します。

以下、コピペですぐ使えるメール署名テンプレ集！設定方法と注意点も！https://www.hai2mail.jp/column/2018/how-to-set-the-signature-and-notes.php

【シンプルな署名1】

○○株式会社 △△部　○○課
田中 太郎 主任
〒000-0000　東京都○○
TEL：00-0000-0000　／　FAX：00-0000-0000
携帯電話番号：00-0000-0000
Mail：***@*******.co.jp
URL：（自社サイトのURL）

【シンプルな署名2】

○○株式会社

○○株式会社 △△部　○○課
主任
〒000-0000　東京都○○
TEL：00-0000-0000　／　FAX：00-0000-0000
携帯電話番号：00-0000-0000
Mail：***@*******.co.jp
URL：（自社サイトのURL）

❯❯社外向けのメールを始めるために

名刺にメールアドレスを加える段階で、メールとは何かを再確認します。社外向けは正規ルール、社内ルールは簡便法のまま、を基本に乗り切りましょう。

社外向け最初のルール

件名は、「要件」＋「：社名＋従業員名」などの統一方式を定める。

たとえば、『次回の面談について：アイムクリエイタ中村』

本文は5つで構成します。

-1.宛名

本文の冒頭に、メールの送信対象を敬称付きで書きます。

-2.書きだし（あいさつ）

一般的な書きだしは「いつも、お世話になっております。」

-3.内容（用件）

「何のために連絡したのか」「何をしてほしいのか」がわかるように

-4.締め（結び）

一般的な締めの言葉は「よろしくお願いいたします。」

-5.署名

会社統一方式を定める。

❯知っておきたい使い方

送信日時の設定：送信予定時期をメールに設定する方法です

自動返信の設定：着信時、受信したことを知らせるメールを自動的に送信する機能です。

迷惑メールの設定：特定の目を通したくないメールに設定しておき、迷惑メールに振りわける方法です

Gmailの判断で、迷惑メールに振りわけるものに、まれに必要なものが混じることがあるので、時々確認が必要です。

メールの振りわけ設定：メールの受信フォルダーを複数用意して、特定のメールをどこに入れるか設定しておく方法です

今は、これらの方法があることを知っておくとよいでしょう。

以上

第三章

いつでもどこでも
資料が取り出せる
無料でドキュメント共有

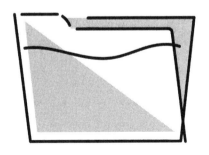

だから会社にこれが必要

❷いつでもどこでも資料が取り出せるとは

　ドキュメント共有、なんのことやらイメージできない方が多いと思います。ましてや得られそうなメリットが想像できませんよね。

　そこで、いつでもどこでも資料が取り出せる仕組みと整理してください。

　IT化先行事業者のドキュメント共有は、社内において、全社ＬＡＮの端末パソコンで利用され、社内業務の効率化に寄与しています。

　本書で提案するドキュメント共有は、スマートフォンを端末として利用しようとしているので、社外でも利用できて、さらに効果的なものになる。スマートフォンを端末として利用する結果、当たり前に、ドキュメント共有に登録された資料は、いつでもどこでも取り出せます。スマートフォンからドキュメントが自由に取り出せる状態とは、資料データが整然と分類されて、取り出されるのを待っている状態です。

　そう聞くと、情報漏れを心配するあなた、もちろん最初から漏れては困る資料をわざわざ登録する訳がありません。差支えのない資料を手はじめに登録することでしょう。

❷ドキュメント共有とは

　そもそも、ドキュメント共有とは何なのか、これを理解して、はじめて広げていきます。まず、イメージしていただくのは、資料＝ドキュメントを社員全員で共有する場所です。

　個人事業主の場合でも関係者で共有、まったくの個人で仕事をされている方も、いつでもどこでも開ける場所を、作るのです。コンピュータの世界のことですので、その場所をコンピュータと思いうかべてください。

この様な仕組みが作られた時、幸運にも居合わせた私は、極めて画期的なものができたと思いました。それまでには存在しない、しいて言えば会社の資料庫みたいなものです、その資料庫には過去履歴であれば、そこで取り出せます。しかし、現在進行中の最新の資料は担当者の作業机の上や背面の棚に置いてあって、どれがそれなのかすらわかりません。担当者を捕まえて、出してもらうしかありません。こういったことを解決するために、作られたシステムです。

　それは、一人一台のパソコンが導入されはじめ、そのネットワークの上に作られたのです。資料が登録された瞬間、多くの社員が特別な手続きなく、自由に利用できるものになる。私は、インターネットの世界における情報充実より、会社内のドキュメント共有が先に進むと考えました。そして、会社内で検索利用に慣れて、インターネットの世界にでることを、想像していました。自社の資料の登録がいち早く登録されると、誤解していたのですが、この仕組みの素晴らしさは変わりません。

　誤解とは、一定規模の会社ですと、利用する人と登録する人の役割分担がされており、距離が遠い。そのため、登録する人の業務負担が問題となって、進まなかった。それが、みなさんの規模ですと、利用する人と登録する人の距離が近い、多くは兼ねてらっしゃる。一定規模以上の会社より、より効果的に使えることになります。だからこそ、みなさんの会社にも必要、ぜひとも使いこなしていただきたいものです。

❯❯小さな会社が有利

　そもそも先行事業者のドキュメント共有は、一人一台のパソコン前提で、会社構内での共有からはじまりました。今しがた述べた事情により、利用者のほしい情報が必ずしも登録されていない。コロナ禍でテレワークが求められるようになって、事情が変わり、社外・とくに社員宅でも利用できる方向性になりました。この経緯からですと、当然一部の資料のみが対応されて、多くは社外での利用不可となっていることでしょう。その様な不自由なドキュメント共有を利用している先行事業者に対して、更地に作ることができるのは、とても有利です。スマートフォン前提の上に、今やより便利に利用するためのさまざまなツールが用意されているので、理想的なものにできることでしょう。

　個人事業主の方々の場合でも、紙資料をコンピュータで管理するとどうなるでしょうか。資料庫いっぱいの資料がゆうゆうと収まってしまいます、しかもどこに入れたか忘れても、全文検索も可能ですので、探せないことはありません。それが、いつでもどこでも資料が取り出せること。これほど心強いことはありません。それを、全従業員を対象に、スマートフォン前提ですので、いつでもどこでも利用できるものになります。

❯❯分類整理には一工夫

　資料のフォルダーわけの工夫は必要です、その点少しずつ広げていくとすれば、整然と整えられた体系のフォルダーに利用すべき資料が格納されていくことでしょう。このフォルダー体系こそミソともいえること、全文検索できるといえども、最初から狙いすましてここだとわかっていれば、慌てることもありません。このフォルダーわけを、知恵を集めて、上手に作るのです。

　残念ながら、誰しも、コンピュータでの資料管理、上手にできるわ

けではありません。パソコンのデスクトップ画面に、資料のマークが並んでいる、似た名前のフォルダーに似た資料名のものが並んでいる方もいらっしゃいます。

　会社の資料は、まず大きく３つにわける。たとえば営業・製造・総務、そしてその中を任意の名前のフォルダー名はなく、数字付きのフォルダー名を整然とならべる。そういった風にはなかなかできない。こんなことにも「こつ」がある、勉強するしかないのです。それも誰しもできることではありませんので、そのフォルダーわけもドキュメント共有に共有文書として登録しておく。これは、文書整理における従業員教育なのです。

　そもそも、多くの企業は資料の管理を紙媒体でされていると思います。しかし、紙媒体での資料の管理では以下のような問題を引き起こすかもしれません。

　　・大事な書類がどこにあるかわからない
　　・重要書類を紛失してしまう
　　・資料の廃棄に手間がかかる
　　・資料の管理の引き継ぎが面倒
　　・書類が閲覧できる人を制限しにくい

　重要書類を紛失するなど、大事な書類の場所がわからないとムダな業務が増えますよね。資料の廃棄にはムダなコストがかかります。結果として業務効率が悪化し、生産性の低下を引き起こすでしょう。

　想像しましょう、紙資料を上手に管理することはコンピュータのそれより難しい、置き場所の物理的な制限の無いコンピュータで管理すべきものなのです。さらに、全従業員で共有できる仕組みを作る。

❯❯使いはじめでも、テレワークに対応できる

　今ある紙媒体の資料をコンピュータに登録する、ぼうぜんとされるかもしれませんが、効果を確認しながら、ムリせず一歩一歩進めてい

きます。目に見えた効果をなかなか実感できないネックもありますが、テレワークのことを考えると、このシステムも必要不可欠です。

　たとえば、ドキュメント共有利用しはじめたころ、急きょ、テレワークが必要になった。未導入の場合は、紙資料を出先に運ぶ、一部はメールに添付して、自宅に送付する。そういった方法しかありません、情報漏れや紛失が心配です。そもそも、メールで送れない様なボリュームの大きな資料もあるかもしれません。メール以外の方法が必要になります。導入済みの場合は、応急処置でドキュメント共有に必要書類を登録しておき、出先でそのドキュメント共有から取り出す。簡単で便利な方法ですので、必ずうまくいくことでしょう。

　３人寄れば、文殊の知恵です。ぜひとも取り組みましょう。

以上

導入のメリット

　最終目標は、従業員が作成したもの・手に入れた資料のすべてを会社で管理すること。

❯❯導入目的

なぜ必要？文書管理システムの５つの導入目的とは

https://it-trend.jp/document_management/article/choice

企業における文書管理の課題
- 膨大な量の紙資料がスペースを取る
- 求めている文書がスムーズに見つからない
- 紙文書だと紛失・情報漏洩などセキュリティ面で不安がある
- 外出先で文書をスムーズに確認できない
- 文書データを資産として上手く活用できない

紙資料がデジタル化できるようになったので、課題になりました。

文書管理システムの５つの導入目的
１．文書のペーパーレス化
　紙文書を電子化することで、保存場所が不要になってスペースを作れるなどオフィス環境が改善されます。また、ファイリングや仕わけの手間もなくなり業務を効率化できます。
２．業務の効率化
　多くの企業が悩んでいるのが、文書管理にリソースを割くために業務効率が悪化してしまうことです。　文書管理システムを導入すれば、必要な資料やドキュメントを検索することで手間なく探し、業務を効率化できます。
３．セキュリティの強化
　文書管理システムにはセキュリティ強化のため、システムへのアクセス（読み・書き・実行）権限設定、アクセス履歴を保管する証跡管理の機能があり、文書の紛失を防げるのはもちろん、情報漏洩のリスクを最小限に抑えることができます。
４．バージョン管理
　文書管理システムを導入すればバージョン管理をする機能もあるので、このような企業の悩みを解決できますし、常に最新のデータを把握して活用することもできます。
５．ナレッジマネジメントの実施
　ナレッジマネジメントとは、企業や社員がもつ知識や経験、ノウハウを企業内で共有することで企業全体の生産性や競争力、企業価値を高めていく経営手法のことを言います。

　文書管理を紙資料をデジタル化する目的を、整理したものです。会社が一つの生き物のように、全従業員が情報・知識・経験を共有するように。本書では、ドキュメント共有としました。

◆最初は全社掲示板ではじめよう

　いつでもどこでも資料が取り出せる、実感するための手はじめが、全社掲示板です。
　「社内掲示板」導入時のポイントや内容物例を解説

https://tunag.jp/ja/contents/hr-column/2786/

社内掲示板とは

全社員への伝達手段として用いられ、業務効率化を図る

社内掲示板は社内スケジュールや業務連絡など様々な情報を一元管理するものです。社内掲示板の利用目的としては社員全員に通知したいときに使う連絡手段として用いられます。業務連絡から個人が持っている仕事の情報及びノウハウなどを共有し、業務効率化を図るためにも使われています。

デジタルの社内掲示板のメリット

　デジタルの社内掲示板は、PCやスマートフォンから社員への通知を促します。PC、スマートフォンで参照することができるため外出の多い社員、他の会社に派遣中の社員などへの周知され、通知漏れが防止されます。また、社内の情報や部内での情報を管理が容易になります。欲しい情報は紙で探すよりも容易に検索でき、情報の共有がスムーズにもなります。

(1)社内行事などの伝達事項

(2)代表メッセージなど、社内啓蒙

(3)売上の進捗管理

(4)社内でよく利用されるリンクを纏めたサイト

利用が頻繁で資料を用意しやすいこれらから進めるのが、近道です。

以上

無料で使えるグーグル（Google）ドライブ

◉利用先の候補

　ドキュメント共有に利用できるストレージサービスは、多くの会社が取り組んでいます。

ストレージとは「データを保存しておく場所」。PCなどデバイスの内部ストレージとオンラインストレージの種類がある。

PREBELLネットのギモン・お悩み

加えて、無料で相当のボリュームを提供してくれています。Googleやyahooのもの以外にも、マイクロソフトが提供しているOneDriveや専業のDropboxがあります。いずれも利用者が想像するよりもはるかに、とても安全な仕組みを持っています。安全に情報漏れのない状態で管理していなければ、信用をなくしますので、相当な投資をして、今の仕組みを作り上げています。

　無料で使えるオンラインストレージおすすめ7社を比較しました

　https://wifinomori.com/free-online-storage/　　から最初の4社比較

無料で使えるオンラインストレージの比較表			
	Google ドライブ	OneDrive	Amazon Drive	Dropbox
保存容量	15GB	5GB	5GB	2GB
接続台数	無制限	50台	無制限	3台 (有料プランは無制限)
追加容量	200GB：月額 380円 2TB：月額 1,300円 10TB：月額 13,000円 20TB：月額 26,000円	100GB：月額 224円 1TB：月額 1,284円	100GB：年間 2,490円 1TB：年間 13,800円 (最大 30TB 追加可能)	2TB：月額 1,200円 3TB：月額 2,000円
日本語対応	有	有	有	有

❯❯ Google ドライブが優れている

　取り上げようとしているGoogle ドライブは、保存容量が15ギガを無料で、断トツです。

　1ギガでデータはどこまで入るか？　記憶域の単位について、紹介しよう。

　1KBキロバイト ＝ 1024Bバイト　1バイトは8ビットで1文字のこと

　1MBメガバイト ＝ 1024KBキロバイト

　1GBギガバイト ＝ 1024MBメガバイト

　純粋にオフィスソフトなら、1ギガにWord Excel 1,000ページが入る。15ギガも無料なら、頑張って利用を広げたとしても、あなた

の会社はじゅうぶんまかなえるかもしれません。

　もう一つ接続台数とあるところ。そのストレージサービスに登録アカウントを設定します。その1アカウントのストレージサービス域が利用できる機器の数のことです。機器とは、パソコンであり、スマートフォンであり、タブレットのことです。接続台数が無制限だと、とても助かります。Googleドライブは15ギガが無料で、接続台数に制限が無い。これ以上は望めません。

　その他の機能については、各サービスとも大差なく、特徴は余りありません。Googleドライブは、写真も格納できます。

　Googleドライブの使い方を簡単解説！http://one-u.jp/gsuite/2019/08/12/Google-drive-howto/

> 　Googleが提供するストレージサービスであるGoogleドライブ。企業・個人を問わず、とても多くの場面で既に利用されています。オンラインにデータを保存することができるサービスで、簡単な使い方でPCだけでなくスマートフォンからでもデータにアクセスすることが可能になります。

　セキュリティも安全とされており、データ保全やハッキング対策など、一般企業以上の対策がとられているので、安心して使えるサービスです。実際の運用に際しては、よりセキュリティを高める機能も提供しています。たとえばユーザーのログインの際に、既定のIDとパスワードだけでなく、2段階認証を組み合わせることで、IDとパスワードが盗まれても不正なログインを防ぐことが可能です。

　会社の資料を登録する先がGoogleのサーバーであることに抵抗感をもつ方がいらっしゃるかもしれません。スマートフォンアプリを紹介している人気ユーチューバーの言葉を借りると、「Googleの社員は公務員の様な方々で、資料の内容に関わることはなく、適切に管理している」、心配する必要はありません。

　AndroidアプリのGoogleドライブは、Play Storeの評価こそ3.5と、前ページの他のアプリに劣るものの、利用者数では他を圧倒。日

本ではそれほど利用者が居ると思えないこのアプリ、世界ではよく利用されている。

❯❯ グーグル（Google）社について

提供元の会社の企業情報

> Google LLC（グーグル）は、インターネット関連のサービスと製品に特化したアメリカ合衆国の企業 (LLC)。世界規模の検索エンジン、オンライン広告、クラウドコンピューティング、ソフトウェア、ハードウェア関連の事業がある。アメリカ合衆国の主要なIT企業で、GAFA、FAANGの一つ。
>
> ウィキペディア

Googleは世界一の会社の一つ、あまりにも大きくなって、市場を占有しているので、制約を掛けようとする議論は起きる。それでも今は、社会への貢献度が非常に大きな会社であると思います。

以上

取り組みのポイント 難易度

❯皆でストレージサービスの勉強を

私の独自情報では、ストレージサービスを８０％がほとんど使いません、よく使う人は９％に過ぎない。みなさんの会社でも、ほとんどの方になじみがないように思われます。

そこで、ストレージサービスの基礎知識を知ること、従業員内で共通認識が必要です。

いつでもどこでも資料が取り出せる仕組みを利用して、職場の情報共有を進めたい、と宣言すること。

◈操作は簡単、しかしイメージしにくい

たとえパソコンなどを利用していても、イメージがわきにくく、言葉で伝えるだけでは、まったく理解されません。

操作方法自体は、その場所を開いてフォルダーを選ぶ、目的のドキュメントを選ぶだけですから、難しくはありません。しかし、情報共有がどういうことなのか、ピンとこないものです。

一気にドキュメント共有の内容物を増やすより、一工夫が必要です。掲示板として利用しはじめるにあたり、登録するものを、次のように分類するのが、よいでしょう。

　　　00_会社方針など　　経営方針や経営計画
　　　04_行動規範など　　私たちが守るべきこと、実践ルール
　　　06_回覧資料など　　社内回覧、回覧板、その他参考情報
　　　08_マニュアルなど　業務マニュアル、ITマニュアル

◈取り組みのポイント

辛抱強く内容物の充実を継続する、定期的に通知することで、徐々に活用を推進しましょう。ドキュメント共有の仕組みは単なる「共有域」で、共有域自体が何かを与えるのではない、この点が他のツールと異なります。

「何を入れて、いつどんな場面で、どう使うか」といった利用者次第なのです。会社としての取り組みは、社是や今月の目標など、定期的に一同で復唱する習慣があれば、00_会社方針などに、その内容を登録して、各人の機器で見ながら復唱する様に変更する。これまで共有していなかった情報を、この仕組みを利用して、初めて共有するのであれば、効果的です。頻繁に開いて見る機会を作ることが必要。知恵を絞りましょう。

　一方、誰が開いて見たのかは、記録に残りません。そこで、導入後様子を見て、回覧ドキュメントを作り登録して、見た記録を残す様にしましょう。そうすれば、お互い誰が見たか確認できるようになるので、相互に閲覧を促す効果があります。これがうまく行けば、ドキュメントの改定都度、閲覧チェックを促すことが、強制力となるでしょう。

　ドキュメント共有に登録する内容物をどうそろえるか、開いて見てくれるものかが重要になります。みなさんが開いて見るを繰り返すことは、「何を入れて、いつどんな場面で、どう使うか」ひらめくための誘い水です。

❷個人の利用も促進する

　並行して、個人的な活用を促して、いつでもどこでも利用できるメリットを体験させること。個人的な情報、ワークスペースとして利用します。

　インターネットの検索結果や、写真を撮って覚えにする、思いつきメモ、自由に試してみるとよい。事例ができたら、他のメンバーに伝えることで、組織としての経験に育てましょう。

　察しのよいメンバーはより早く、活用のコツをつかみます。経営者も、出先で利用するものなどいろいろと試してみて、成功するものしないもの、見つけて行きましょう。

　IT化を進めるに当たっては、かなり重要なステップです。少人数

の強みを活かして、刺激を与えながら、メンバーが同じレベルに成長
するように進めることが重要です。

❷≫小さな会社のフォルダーわけ

　共有文書の体系は、将来的に、業務文書が追加された時には

00_経営系	00_会社方針等など	経営方針や経営計画
	40_行動規範など	私たちが守るべきこと、実践ルール
	60_回覧資料など	社内回覧、回覧板、その他参考情報
	80_マニュアルなど	業務マニュアル、ITマニュアル

30_営業系
50_事業系
70_事務系

　広島商工会議所の働き方改革セミナーでも紹介されました。

・業務系のフォルダーは、3分類にする：どこに含まれるものか判
　断がぶれない
・飛ばし数字をふる：将来の追加フォルダーの余地を残す
・フォルダー名の先頭の数字：フォルダーの並び順をコントロール
　できる

とても参考になったので、ぜひ取り入れていただきたい。すでに、
パソコンで管理している資料があるなら、このフォルダー体系に徐々
に移行しておくと、将来ドキュメント共有に移行するよい準備となり
ます。

以上

操作手順と進め方

　社長以下全従業員が、それぞれの機器でGoogleドライブにログインします。

❱❱ Googleドライブへのログイン パソコンの場合

1：最初にGoogleのトップページにアクセスし、右上端中央よりのアプリアイコンを表示させて、ドライブ アイコンを左クリック。

https://www.google.com/

> アプリ一覧は並びが変更できます
> 表示順が異なる場合があります

2：上方の「ドライブに移動」を左クリック

3:「メールアドレス」を入力 し、「次へ」を左クリック 「パスワード」を入力し、「 次へ」を左クリック

・その結果が次の画面です
・ログイン済なら、2・3は不要です

Google ドライブへのログインが完了

［マイドライブ］が表示される

ブックマークを登録しておきましょう	ログアウトしなければ、いつでも Google ドライブを利用できます

❯❯スマートフォン(iPhone)の場合

内容については上記のパソコンの場合の記述を参考にしてください

1:「App Store」のアイコンをタップ
インストール済なら1)2)3)は不要 また、Androidの場合はPlay Storeから

....

2:「App Store」へのサインイン
「既存のApple ID を使用」を選択し、ID・パスワードを入力後「OK」。

....

3:アプリをインストール
アプリを検索します。検索窓に[Google ド] と入力。「Google ドライブ-無料」にある「入手」
をタップ>「インストール」をタップします。

....

4:Google ドライブの起動
App Storeの画面に戻るので、インストール後「開く」をタップします。

....

5:Google ドライブへのログイン1
Googleアカウントが表示された場合はタップで選択してログインします。アカウント名が表示さ
れない、またはGoogleアカウントを持っていない場合は「別のアカウントを使用」をタップします。

....

6:Google ドライブへのログイン2
「別のアカウントを使用」をタップした場合はログイン画面に切り替わるので、お使いのGoogle
アカウントのメールアドレス、パスワードを入力し、「ログイン」。

....

7:無事ログインが行われると「マイドライブ」画面が表示されます

❯❯ Google ドライブの始め方 パソコンの場合

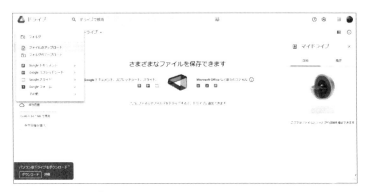

ファイルをアップロードする方法

先ほどの画面　左上から2番目＋新規を左クリック

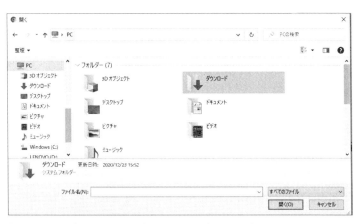

『ファイルのアップロード』もしくは『フォルダのアップロード』を左クリック
上の選ぶ画面が表示されます

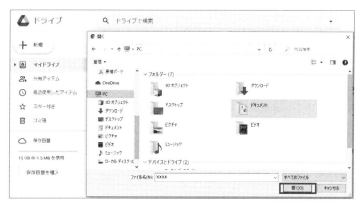

アップロードしたいものを選択し 『開く』を 左クリック

アップロード後、対象ファイルを右クリックすると、可能なアクション一覧が表示されます。例えばダウンロードを左クリックと、パソコンのダウンロードフォルダーにファイルがコピーされます アクション一覧の一番下に削除もあります ファイルの中を見たい時は、ファイルを選んで左クリック

フォルダを作成する方法

Google ドライブのマイドライブもしくは 任意のフォルダーから『新規』を左クリック 一番上の「フォルダ」を左クリック 名前を入力して『作成』をクリックして完了

❯❯スマートフォン(Android)の場合

内容については上記のパソコンの場合の記述を参考にしてください

ファイルをアップロードする

1:Google ドライブアプリを起動

....

2:表示されたマイドライブかフォルダーを選ぶ

....

3:画面右下にある「＋」マークをタップ

....

4:「アップロード」をタップ

....

5:ファイル選択画面が表示されます

....

6:目的のファイルを探しそのファイルをタップ
もし目的のファイルが見つからない時は、左上の「三本バー」マークをタップするとAndroid内のフォ
ルダーが表示されるので、この中から目的のファイルを探します。

....

7:ファイルのアップロードが開始します。完了までしばらく待ちます。
※スマートフォンマークの項目をタップするとスマートフォン内の全てのデータにアクセスできます。

フォルダを作成する

1:Google ドライブアプリを起動

....

2:表示されたマイドライブかフォルダーを選ぶ

....

3:画面右下にある「+」マークをタップ

....

4:「フォルダ」をタップ

....

5:「フォルダー名を入力して、「作成」をタップ を追加

また、作成したフォルダにファイルを移動するには、次の手順で移動できます。

1:一覧画面で[移動したいファイル]の右にある「3点」マークをタップ

選べるアクション一覧の中ほどから下にある「移動」をタップ

....

2:[作成したフォルダ]を選んで「移動」をタップ

ファイルをダウンロードする

1:「Google ドライブアプリを起動

....

2:一覧画面で[ダウンロードしたいファイル]の右にある3点マークをタップ

....

3:可能なアクション一覧から、「ダウンロード」をタップ

....

4:「ダウンロード」フォルダーにファイルが保存されます

アクション一覧の一番下に削除もあります。ファイルの中を見たい時は、ファイルを選んでタップです。

❯❯ドキュメント共有の初日

　社長以下全従業員に、会社掲示板への登録・閲覧、全ての権限を与えるところから、はじめます。邪道とご指摘される方もいらっしゃると思いますが、私の成功のひけつです。全社掲示板は、会社に与えたアカウント、infoではじまるメールアドレスに登録します。そのログインパスワードを全従業員に知らせます。

　最初に登録するものは、社外に漏れても差支えないものにしましょう。それでも、社員の退職やパスワードが漏れた場合は、変更する必要があります。

　最初に登録するドキュメントの準備ができたら、メインの作業者（社長と想定）がパソコンで、Googleドライブへのログイン・フォルダーの作成・ドキュメントのアップロードを行います。

　従業員に集合してもらい、それぞれGoogleドライブを利用できる状態にしていただきます。

　メインの作業者は、一式のフォルダー（00_会社方針など、04_行動規範など、06_回覧資料など、08_マニュアルなど）をマイドライブに作成して、ドキュメントをアップロードします。従業員が用意できたころ、メインの作業者がマイドライブに新たに作ったものが、順次見ることができる状態になります。

　他の従業員も、手すきになった順番に、空いているフォルダーに、それぞれのスマートフォンにある写真なりのファイルをアップロードして、その操作が簡単に行えることを確認します。

　これらの作業は、比較的容易なので、盛り上がることでしょう。また、立ち上がったドライブが他人事にならず、自分も参加していると感じることでしょう。これこそ、登録・閲覧権限を全従業員に等しく与えた狙いです。

　この共同作業の締めくくりに、今後、それぞれが見つけた、他の従

業員に見せたい情報を登録する様にしよう、と出来たら、最高です。
フォルダー：たとえば99_私から皆へ見せたい情報　を作成します。
登録名のルール：たとえば　名字＋yymmddなど、を皆で取り決め
ましょう。

以上

次に利用したい使い方

❯❯さまざまなファイル

　Googleドライブに初めてログインした時、「さまざまなファイル
を保存できます」と表示されていました。そのファイルの知識が必要
です。

　たとえばワープロソフトで画像付きのものをパソコンで作成すると、
スマートフォンでは画像がずれることがあります。社内ではさほど支
障はないでしょうが、取引先に提供する時は、何とかしたいところ。

　こんな時には、PDF（ピーディーエフ）を利用します。PDFは
文字、図形、表などを紙に印刷するようにレイアウト（配置）した
ページの状態を保存するためのファイル形式の名前です。Portable
Document Format（ポータブル・ドキュメント・フォーマット）
の頭文字を取ったものです。

　様々なソフトを利用して、作成したものを、取引先に送る。その時、
このことを知っていれば、安心です。PDFは、いわば電子の紙で、ワー
プロソフト、表計算ソフト、プレゼンテーションソフトからも作成で
きます。複合機のスキャナー機能で、パソコンに取り込むときは、通
常のファイル形式はＰＤＦです。別のファイル形式JPG（ジェーペグ）
で取り込むことができる場合もあります。

写真データはJPG

　JPGはもっともポピュラーな画像形式（Joint Photographic Experts Group）です。1,677万色のフルカラーを表現できファイルサイズの圧縮に優れているので、一般的な写真の保存形式でもっとも使われています。その他の画像形式として、「GIF」「PNG」もあります。それぞれのファイルは、ファイル名＋「．」＋拡張子で表現される。たとえば　画像.pdf（画像ドットピーディーエフ）です。ファイル形式について、ここで整理しておきましょう。

❯❯拡張子について

拡張子一覧http://www.tohoho-web.com/ex/draft/extension.htm

◆ 拡張子とは

ファイル名の最後のドット（.）から後ろの部分を拡張子と呼びます。たとえば index.htm の拡張子は htm、mycat.jpg の拡張子は jpg です。

以下、.pdf、.jpg、.gif、.png以外のものとして

.txt★ テキストファイル。Windows 標準搭載の「メモ帳」などで編集可能

.mp3★ MP3ファイル。「MPEG-1 Audio Level 3」の略。動画技術のMPEG の音声部分を取り出したもの。

人間の耳には聞こえないとされている帯域の音を省略することにより、音楽CD などを約10分の1に圧縮することが可能。「Winamp」などのプラグインで再生可能。

.wav★ WAVファイル。Windows標準の音声ファイル。サイズが大きいため、インターネットでの使用には不向き。

.lzh★ LHAファイル。日本産の圧縮・解凍ツール「LHA」で圧縮したファイル。

.zip★ ZIPファイル。世界的によく利用されている圧縮形式。「Lhasa」、「Lhaca+」など多くのツールが対応。

.doc★ Microsoft のワープロ Word のファイル。Microsoft社のワードプロセッサ「Word」のファイル。

Windowsに標準搭載されている「Wordpad」でも一部制限付きで編集することができる。

.xls★ Microsft の表計算ソフト Excel のファイル。MIMEタイプは「application/vnd.ms-excel」。

.ppt★ Microsoft のプレゼンテーションソフト PowerPoint のファイル。

.exe★ Windows 実行ファイル。「executable」の略。

.csv★CSVファイル。「Comma Separated Value」の略。値をカンマ（.）で区切って記述したテキストファイル。「メモ帳」などのテキストエディタでも編集できる。「Excel」や「Lotus 1-2-3」などの表計算ソフト間のデータ交換などの目的にも使用される。

代表的なものを紹介しました。ここに出ていないものも、検索すれば、どういうもので、どんなソフトで扱えるか、簡単に調べられます。

❯知っておきたい使い方

Googleドキュメントは、Googleのofficeソフトです。

Googleドキュメントとは？ Wordとは何が違う？ https://allabout.co.jp/gm/gc/471143/ には

> 文書作成の実力は十分！ 日本語入力はMS-IMEやGoogle日本語入力を使う
> 読者のみなさんが気になるのは、Googleドキュメントのワープロとしての
> 実力だと思います。Webブラウザで動くワープロなので、それほど期待で
> きないのでは？ というのが正直な予想ではないでしょうか。
> しかし、実際に使ってみると驚くと思います。もちろんいい意味で。表や図
> 形の作成もできますし、画像編集やグラフ作成機能も用意されています。段
> 組もテキストボックスも作れますし、文書にコメントも付けられて、もちろ
> ん印刷も可能です。

「Webブラウザ（サイトを閲覧するために使うソフト）で動く」とは、Googleドライブに保存されたWord形式のファイルを開けば、そのまま編集が可能で、ドライブ内のファイルが更新されます。Word形式のままでも、Googleドキュメントに変えることもできます。一度体験されると一目瞭然です。私の使用感では、余り高度なテクニックを利用しないので、Wordの場合はほぼ完全に置き換え可能なレベル。進歩していました。

表計算やプレゼンテーションを利用したことはありませんが、じゅうぶんなレベルであろうことが予想されます。しかも、無料なのです。特殊なテクニックを利用したWordで作成されたビジネスチラシ。作った本人がいなくなったら、誰も直せない。そうだとすると、特殊な機能は余り利用せずに、基本機能だけで作成しておいた方がよい。それなら、Googleドキュメントでもよいではないか。

以上

第四章

個人で使えば
秘書が居るよう
無料でスケジュール共有

だから会社にこれが必要

◈ スケジュール共有とは

あなたの会社も一つの生き物のように、すべての従業員が高度に連携したい。そのためには、全従業員がお互いのスケジュールを知っておく必要があります。

前職時代、私が導入したグループウェアにも、スケジュール機能がありましたが、活用されませんでした。

最大のネックは、一人一台の管理部門であっても、パソコンから離れると、スケジュールを確認できなくなること。ここでも、スマートフォンで、いつでもどこでもすぐに、予定の確認・登録や変更が簡単にできる。以前ネックになっていたことが、解決されています。導入利用しない理由はありません。

◈ 個人のスケジュール管理

個人のスケジュール管理がどう変わるかを、述べておきましょう。

2014年に、初めてスマートフォンを持った時、もっとも感激したものの一つが、スケジュール管理でした。

私の長年のスケジュール管理方法は、スケジュール帳と、毎日のノルマのtodolist、この2本立てです。当時のスケジュール帳は、野口悠紀雄さんの超整理手帳方式で、todolistはWordファイルです。IT部門に戻ってマネジャーを任じられたころには、その方法になっていました。当時、能力の限界まで働いていて、勤務時間内は30分か

ら１時間刻みでスケジュールが組み込まれていました。

　そして夜中まで、今日の仕事を片付けてやっと寝られる。「そのころだった」と思います、名刺なりで見た電話番号が、電話機を取ると思い出せない。私はそのころ、アルツハイマーの初期症状か、すでにそんな感じでした。IT部門卒業後、部下たちから３人分の仕事をしていたと、言われました。が、マネジャーになりたてのころはミスも多く自己嫌悪、自分はこの仕事に向いていないと思っていました。

　原因は、限られた自分の能力以上に要件を入れようとして、私の脳が受け付けない状態になっていたと思われます。取り組んだのが、30分から１時間刻みのスケジュールの結果をその日のうちにワード文書に記録する、次回用のメモも記して、頭から追い出す。ことを徹底しました。

　IT部門は事件が多い、コンピュータの大量処理をしながらシステム開発も、新しいハード・ソフトの売込みを受けて、その一部は導入の企画が必要だ。製造工場と研究開発所を抱えている様な仕事場です。日々の取り組み結果を頭から追い出した結果、事件などの目前のことに集中できるようになりました。何をするにせよ、この頭脳の中に遊びのある状態が必要なのだと信じています。

❷限られた自分の能力をどう使う

　人の能力には限りがあります。スケジュールやそこでやるべきこと、ひとつひとつ覚えていては、会社の明日のために考えるべきことに頭が使えません。

　デジタルのスケジュール管理は、仕組みとして成功するふたつの要素を備えています。

　一つは入力負担が小さいこと、もう一つはキーが不要な仕組みであること。今うまくいっていない人、本書でもう一度チャレンジしましょう。うまく行くはずの仕組みなのです。

デジタル化できたら、余裕をもって目の前のことに集中できます。スケジュールについては、忘れることも疲れることのないスマートフォンが秘書になる。覚えていてくれるだけではない、事前に知らせてもくれます。

❱❱すべての従業員にその恩恵を、その結果会社に恩恵が

それぞれが、余裕のある状態になる。すると、たとえば新しい技術に集中して学べるようになります。

押しつけずに進められるのが一番です。いずれは全従業員が恩恵にあずかります。社長ご自身もスケジュール管理に煩わされることがなくなります。

その上、全従業員で取り組んだ完成時は、すべてのメンバーの社外との約束だけでなく、内勤時の予定まで把握できる。何かあったときに、余力が生じたときに、とても対応しやすくなります。会社としても、頭脳の中に遊びのある状態になる。

この状態に、一気に進むわけではありません。それでも、それぞれのメンバーが日々取り組むべきことを、書きだしておくことは、仕事を効率的に行うために効果を発揮します。

以上

導入のメリット

❱❱スケジュール共有のメリット

会社としてのメリットを整理して置きましょう。

スケジュール共有のメリットとツール選定のポイント https://office.solution.ricoh.co.jp/671/

メンバーの予定調整を容易にする

　スケジュールが共有されることで、メンバーが集合できる時間や会議室の空き状況などが見える化されるため、セッティングが容易になります。

顧客対応がスムーズになる

　不在の担当者に対し顧客から問い合わせがあった場合、担当者の行動がわかることで顧客対応がスムーズになります。スケジュール共有により、戻りの時間を伝えたり、外出先からかけ直すことを伝えたりと、顧客に対して即座に明確に回答をすることができます。

周囲からのサポートが可能になる

　自分のスケジュールを自分だけが知っている状況では、期日のうっかり忘れや勘違いといったことも起こりえます。周囲からのちょっとした確認や声掛けを受けることができ、ミス防止につながります。

余分な確認作業を省略できる

　毎日、または、一日に数回、上司からの「明日の／次の行動予定は？」という行動確認を省くことができます。

営業支援系ツールのスケジュール管理に、こんな記載がありました。

社員の稼働を促す！稼働状況の把握にも役立つのが魅力

　社員のスケジュールをチーム内で共有することで、営業部門においては社員の稼働状況を把握することができるようになります。スケジュール管理システムを導入することで、営業マネージャーが部下の訪問状況を確認し指示を出すことができるようになり、社員の稼働率を最大限にすることができます。また、チーム内の役割分担や勤務時間管理もしやすくなります。働き方改革により業務の効率化が重要度を増す中で、社員の稼働状況が把握できるというのは大きなメリットといえます。

❱❱ 小さな会社での方向性

　小さな会社では「管理中心」ではなく、従業員が自らの働きを効率化するために、スケジュール管理を行う方向で考えたい。

　個々の従業員にとって、自ら利用することの意義は述べましたが、一般の受け止めを確認してみよう。

　「紙の手帳」愛用者6割強！スマホに負けない理由https://diamond.jp/articles/-/103387　2016.10

記事の中の記述から次の結果になる

紙の手帳使用理由	機器の手帳使用理由
1位 使い続けているから 2位 慣れ親しんでいるから 3位 手書きが早いから 4位 手元にあると安心するから 他　機器は画面表示が面倒 　　机では開きっ放しにできる 　　手書きが早い、覚える 　　機器はバッテリ切れ、データ破 　　損が心配 　　機器の操作に不慣れ	1位 スケジュール変更時に対応しやすい 2位 使い続けているから 3位 慣れ親しんでいるから 4位 コピー＆ペーストができる 他　紙は予定変更時に面倒 　　手書きは後で読み返すと、わか 　　らない場合があるから 　　出先で電話に出て予定を書き込 　　むときなどは机代わりになるも 　　のがない

　それぞれの使用理由のベスト４を点検すると、紙の手帳の使用には、積極的な理由が見当たりません。強いて言えば、３位の「手書きが早い」だが、機器の使用理由その他の意見に「手書きは後で読み返すと、わからない場合があるから」がある。

　書くには早いが、読むときには苦労することもある。一長一短だ。一方機器の手帳使用理由には、１位「スケジュール変更時に対応しやすい」４位「コピー＆ペーストができる」と、積極的なふたつの理由が入っている。私が実感している便利さは繰り返しの多いスケジュールの変更、母の介護ヘルパーに立ち会う必要があり、週４回の対応日程を過去何度も変更した、「これ以降のすべての予定を一括変更」が一度の操作でできる。

　紙の手帳の使用理由その他では、「機器は画面表示が面倒」「機器はバッテリ切れ」「機器の操作に不慣れ」は機器に慣れるだけのこと。「机では開きっ放しにできる」にいたっては、機器はすぐスリープ状態になり見えなくなるので、のぞき見は避けられると思う私、この感覚はもはや訳がわからない。「手書きが早い、覚える」の、書くことで覚えるには賛成したいものの、前節のなるべく頭脳に余力を残すことを

推奨したい私にとっては、「逆でしょ！」。「データ破損が心配」については、次節で説明するGoogleカレンダーは、その心配から解放するので、安心して利用してほしい。

　こうして見て行くと、機器によるスケジュール管理が、より優れていることが明らかになって行く。長年続けていることは、変えにくいが、会社全体で取り組むなら。社長ご自身も従業員も変わる必要がある。それが、最大の目的メリットではないかと考える。

以上

無料で使える
グーグル（Google）カレンダー

❯❯ Googleカレンダーとは

　Yahoo!カレンダーもよいアプリであると知っているが、Googleカレンダーの利用者数が圧倒的に多い。私が、本書で紹介するスケジュールサービスも、Googleカレンダーの一択です。

　Googleカレンダーの使い方｜スケジュール登録から共有まで

　https://join.biglobe.ne.jp/mobile/sim/gurashi/google_calender180524/

Googleカレンダーとは？

　Googleカレンダーとは、Google社が提供しているスケジュール管理ツールです。パソコンやスマホ、タブレットなど、デバイスを問わずスケジュールの追加や変更ができるという魅力があります。

　この「デバイスを問わず」の意味は、「どの機器からでも同じ予定表を見ていて、追加・変更できる」ことです。

Googleカレンダーの特徴

・インターネットにつながるパソコン・ス
　マホがあれば「いつでも」「どこでも」
　無料で使えます。

・入力した予定は、端末の中ではなく
　Googleのサーバーに保存されるので、
　端末が壊れたり機種を変更してもデータ
　を失うことはありません。

・またシンプルな作りなので、マニュアル
　を見なくても直感的に使えます。

他にも

・利用の仕方についてのレビュー記事も豊富で、課題解決の助けに
　なります。

・世界で多くの人たちが利用しており、便利な補助ツールがたくさ
　ん用意されている。

❯❯予定はGoogleのサーバーに保存される

　一番重要視していただきたいのは、「入力した予定は、端末のなか
ではなくGoogleのサーバーに保存されるので、端末が壊れたり機種
を変更してもデータを失うことはない」こと。

　スマートフォンには、あるいは従来型携帯電話にも、スケジュール
機能は備わっていました。しかし、それらの多くは、予定を、機種
の内蔵ディスクに保存するものでした。せっせと登録し続けても、
機器が故障したり、機種変の時に引き継げない恐れがあるのです。

❯❯便利の主要なポイント

・詳細な内容は、パソコンでより容易に登録できる。大画面が、作業性を高めます。大きな画面の上では、月次表示も利用できて、年次表示だと、狙った日付に飛ぶのにとても便利です。

・検索機能が使えます。検索のGoogleですので、お手のもの。予定・場所・内容のどこにあるキーワードで探せるので、過去履歴の利用にとても便利です。

・複数のカレンダーが持てます。仕事用と私用などに使いわけができる。

・共有できます。この機能を利用して、ご自分の予定を複数にわけて置いて、仕事用を従業員に見せるといったことが可能です。

　他にも、会議案内や予定を知らせてくれる機能（たとえば３０分前にメールでなどの方法で、正に秘書機能）など、使える技がたくさんあります。要は紙の手帳をはるかにこえた存在なのです。

　これらの豊富な機能がすべて、驚きの無料です。

❯❯アプリの評価など

　AndroidアプリのGoogleカレンダーは、Play Storeの評価3.4と、3.9のyahooに逆転されたものの、利用者は二百倍。

　Googleの提供している無料アプリ、他にもたくさんあります。GoogleニュースやGoogleマップ、Googleビジネスプロフィールなど、いずれも素晴らしい。

　批判的な方々、これらのアプリのこと、きっとご存じないのだろう。そんな気がしてなりません。

以上

取り組みのポイント 難易度

❯❯皆でGoogleカレンダーの勉強を

スケジュールアプリ、前出の「「紙の手帳」愛
用者6割強！スマホに負けない理由」では、6割
の方が未利用。私の独自情報では、さらに多く
の方が、使わない。

小さな会社にお勤めの方たちは、3割の方が
利用されているかどうかです。

次に、利用されている方たちも、Googleカ
レンダーでは無い可能性があります。お持ちの
スマートフォンのメーカー固有のアプリであれ
ば、Googleカレンダーに移行していただき、
すべての方に利用していただきたい。

それぞれの立場で、個人で利用した時のメリットを認識することが、
先決です。導入のメリットの後半で、ご説明したことを、読み込んで
いただく。

要点をピックアップ

・紙の手帳の使用理由には、ほぼ積極的な理由が見当たらない

・機器の使用理由の中で積極的なもの　1位「スケジュール変更時
　に対応しやすい」　4位「コピー＆ペーストができる」

・中村が思う便利、「繰り返しの多いスケジュールの一括登録変更
　ができる」

・データ破損の心配がない　　など

❯❯効果がイメージしにくい

このスケジュールアプリというもの、感覚的に機能をイメージでき

るのですが、その効果はイメージしにくい。

　長年、紙の手帳を利用されていると、それを変えたくない気持ちになります。その心理から、定石と思われる次のやり方は、うまく行きにくい。と私は見ています。

　　・従業員全員が、紙の手帳をやめて、Googleカレンダーに移行する。
　　・その上で、相互に閲覧できるようにする。

　弁護士事務所で聞いたことがあります。「どうしてもやってくださらない方が居て」のお答えでした。国家資格をお持ちの弁護士さんなら、技術的なことなら乗越えられそうですので、心理面の理由と思われます。

　すべてのメンバーが自ら取り組もうとする「その気」にならなければ、暗礁に乗り上げて、身動きできなくなります。たとえ、社長がすでに利用されていて効果を実感、押し付けたいお気持ちがあっても、諦めましょう。「これまで制約されなかった、細かいところまで把握しようとする」と感じて、嫌いにさせる恐れがあるからです。

❷取り組みのポイント

　あくまでも状況次第ですが、立ち上がりはストレスを最小限にしたスモールスタートが大事です。

　システム導入は、小さく生んで大きく育てるのがこつです。

　そこで、以下の目的で、会社用infoアドレスに皆の予定を登録してもらいましょう。

　　・顧客対応をスムーズにする
　　・周囲からのサポートを可能にする
　　・メンバーの予定調整を容易にする

　すべてのメンバーの社外との約束、重要事項、集中仕事、お休みや早出早退のみ登録いただく。人の区別は、先頭に従業員の名前かニックネームを添える様に、色わけも活用して、対応しましょう。そうす

れば、お互い誰が正しく登録しているか確認できるようになるので、相互に正しく登録しようと促す効果があります。

❯❯ 活用促進に一工夫

会社行事の登録は、本来会社に与えたinfoアドレスに行いますが、従業員数などで判断ください。

後は、別アカウント（たとえばfcltyアドレス）で施設の予約管理など、利用回数を増やす工夫を加えることが考えられます。

未利用の方の中から、率先利用者がファンになり、事例紹介してくれる。そうなれば、軌道に乗ります。タイミングを見て、年が変わる前の手帳を買うタイミングで全従業員の一斉スタート、来年のスケジュールから利用し始めましょう。こうできれば、上出来です。そうならなくても、一人づつでも新たに取り組んでくれれば、ほぼ成功です。

朝会など集合時に、全員のスケジュール調整をしかけました。多くのメンバーはスマートフォンを開く中で、残されたメンバーは手帳を開きます。残されたメンバーはきっと肩身が狭いし、うらやましくもなるので、翌年は利用し始めてくれるでしょう。基本的には熟柿戦略が有効です。

以上

操作手順と進め方

社長以下全従業員が、それぞれの機器でGoogleカレンダーにログインします。

❱❱ Googleカレンダーへのログイン パソコンの場合

1:最初にGoogleのトップページにアクセスし、右上端中央よりの アプリアイコンを表示させて、カレンダー アイコンを左クリック。
https://www.google.com/

> アプリ一覧は並びが変更できます
> 表示順が異なる場合があります

Google
ログイン
Google カレンダーに移動する

メールアドレスまたは電話番号

メールアドレスを忘れた場合

ご自分のパソコンでない場合は、ゲストモードを使用 して非公開でログインしてください。詳細

アカウントを作成   次へ

2:「メールアドレス」を入力 し、「次へ」を左クリック 「パスワード」を入力し、「 次へ」を左クリック

・その結果が次頁の画面です
・ログイン済なら、2は不要です

日本語 ▾   ヘルプ　プライバシー　規約

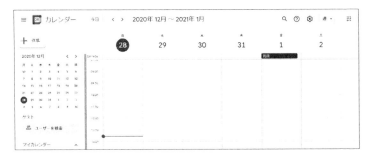

Googleカレンダーへのログインが完了する

月カレンダーが左上に表示され、1週間のカレンダーがメインのカレンダーとなっています。ここでは1週間カレンダーとなっています、月や日にきりかえることもできます。

> ブックマークを登録しておきましょう

> ログアウトしなければ、いつでもGoogleカレンダーを利用できます

❯❯スマートフォン(iPhone)の場合

内容については上記のパソコンの場合の記述を参考にしてください

1:「App Store」のアイコンをタップ
インストール済なら1)2)3)は不要 また、Androidの場合はPlay Storeから

2:「App Store」へのサインイン
「既存のApple IDを使用」を選択し、ID・パスワードを入力後「OK」。

3:アプリをインストール
アプリを検索します。検索窓に[Googleカ]と入力。「Google カレンダー-」にある「入手」をタップ>「インストール」をタップします。

4:Google カレンダーの起動
App Storeの画面に戻るので、インストール後「開く」をタップします。

5:Google カレンダーへのログイン1
Googleアカウントが表示された場合はタップで選択してログインします。アカウント名が表示されない、またはGoogleアカウントを持っていない場合は「別のアカウントを使用」をタップします。

6:Google カレンダーへのログイン2
「別のアカウントを使用」をタップした場合はログイン画面に切り替わるので、お使いのGoogleアカウントのメールアドレス、パスワードを入力し、「ログイン」。

7: 無事ログインが行われると「カレンダー」画面が表示されます

❯❯ Google カレンダーの始め方　パソコンの場合

会社用 info アドレスに、イベントを登録します。

ここに予定・スケジュールを追加していきます

予定・スケジュールを追加するには、予定・スケジュールを追加したい日の時間を左クリック

たとえば、29日（火曜日）の10時に予定を追加する場合、10時付近を左クリック、予定を追加する子画面が開きます

予定名をタイトルを追加の所に

時間

場所

内容

など、必要項目を登録します

そのまま、右下の「保存」を左クリック　登録されます
もしくは、保存の左「その他のオプション」を押して、大きな画面でも編集可能です

マイカレンダー	カレンダーに登録
☑ アイムクリエイタ	新しいカレンダーを作成
☐ ToDo リスト	関心のあるカレンダーを探す
☐ リマインダー	URL で追加
他のカレンダー	インポート

左上の月カレンダーのずっと下、他のカレンダーの右の＋を左クリックすると、新しいカレンダーを作成できます 今回は従業員用を作成しましょう

名前は従業員用として、下段の「カレンダーを作成」を左クリック マイカレンダーの一番下に、従業員用と表示されました

マイカレンダー　　　　∧
☑ アイムクリエイタ
☐ ToDo リスト
☐ リマインダー
☑ 従業員用

新しいカレンダーを作成

名前
_____

説明

タイムゾーン
(GMT+09:00) 日本標準時　　　▼

オーナー

カレンダーを作成

Google カレンダーは複数のカレンダーを簡単にきりかえることができます。マイカレンダーのチェックを外し、片方の表示にします。両方をチェックだと、両方の予定が表示されます。

予定を編集したい時は、その予定にカーソルを移動して、ダブルクリックで、大きな画面での編集ができます

ここで重要なのは、繰り返さないを左クリック
定期会合などを繰り返す予定を一括登録できます
通知では、メールでの連絡を選ぶこともでき、複数回の
予定への注意喚起を設定できます ●アイムクリエイタの
所、複数 カレンダーの時は、ここを左クリックで、きり
かえます。 現状の水色も変更できます

その他、予定を左クリック、小さな予定画面の右上…
を左クリックして（右の画面）
複製をえらべば、別の予定を作ることができます
過去の予定を検索で探し当て、複製で新しい予定を作ることも可能です

❯❯スマートフォン(Android)の場合

内容については上記のパソコンの場合の記述を参考にしてください

予定・スケジュールを追加

1:Googleカレンダーアプリを起動

. . . .

2:画面右下にある「＋」マークをタップし、一番下の「予定」をタップ
もしくは、追加したい日の時間をタップします。

. . . .

3:予定名をタイトルを追加の所に登録
複数カレンダーの時は、タイトル下のカレンダーアイコンをタップきりかえます。

. . . .

4:時間、場所、内容など、必要項目を登録

. . . .

5:右上にある「保存」をタップ

. . . .

6:Googleカレンダーに予定が追加できました

予定・スケジュールを編集

1:Googleカレンダーアプリを起動
複数アカウントなどを使用している時の表示オンオフは、三をタップして、チェックの付け外
して行います。

. . . .

2:編集したい予定をタップ

. . . .

3:右上の鉛筆マークをタップ
複数カレンダーを変えたい時は、タイトル下のカレンダーアイコンをタップきりかえます。「繰り
返さない」をタップすると、定期会合などを一度に登録できます。通知では、メールでの連絡を
選ぶこともでき、複数回の予定への注意喚起を設定できます。予定の色も変更できます。

. . . .

4:編集後、右上の「保存」をタップ

. . . .

5:Googleカレンダーに予定が編集できました

ちなみに、Googleカレンダーに新たにカレンダーを追加できるのは、ブラウザからのみです。スマートフォンアプリからはカレンダーの追加はできないので注意してください。

❯❯スケジュール共有の初日

　社長以下全従業員に、会社用infoアドレスへの予定の登録・閲覧、すべての権限を与えるところから、始めます。ドキュメント共有と同様の発想です。ドキュメント共有と共通のそのログインパスワードを全従業員に知らせます。最初に、メインのカレンダーに会社行事を登録します。立ち上げの初日、最初に登録する予定の準備ができたら、メインの作業者（社長と想定）がパソコンで、Googleカレンダーへのログイン、会社行事の登録を行い、従業員用のカレンダーを作成します。

　その作業開始後、しばらくして、従業員に集合してもらい、それぞれGoogleカレンダーを利用できる状態にします。従業員が用意できたころ、会社のカレンダーに登録した予定が、順次見ることができる様になります。他の従業員も手すきになった順番に、従業員用のカレンダーに、ご自分の予定を登録して、その操作が簡単に行えることを確認します。

　これらの作業は、比較的容易なので、盛り上がることでしょう。また、立ち上がったスケジュール共有が他人事にならず、自分も参加していると感じてくれるはずです。

　これこそ、登録・閲覧権限を全従業員に等しく与えた狙いです。この共同作業の締めくくりに、今後、それぞれが現在の予定をいつまでに登録するかを決めておきます。と同時に、人別の区別しやすくするためのルールも整理出来たら、最高です。

　施設管理のカレンダーは会議室や応接室、社用車など使いたい日時の予約を、スケジュールとまったく同じ方法（予約者は場所にでも入

れましょうか）で、登録するだけ。考え方は簡単ですが、アカウントの切替が必要になることがあるので、急がず、全従業員が予定の登録に慣れるまで待って促進策としましょう。

以上

次に利用したい使い方

≫個人での活用促進のために

社長さんが率先して、職場のチャレンジャーやGoogleカレンダー以外のアプリ使用者が続く。

個人での活用を進めるための、情報提供をもう一つ。

成功するスケジュール管理アプリの導入・活用術とおすすめアプリ3選

https://navi.dropbox.jp/schedule-management-app

---

1. スケジュール管理にアプリが効く理由

　スケジュール管理アプリといえば、従来であれば手帳に手書きで記録、管理していた予定やスケジュールをデジタルツールで管理するためのアプリのことです。ここでいうデジタルツールとはパソコンやスマホのことで、それぞれのデバイスから同一のスケジュールを閲覧、編集できるのも特徴のひとつです。

　これにより、仕事中はパソコンで管理しているスケジュールを外出先ではスマホで確認、編集するという使い方も可能になります。

2. スケジュール管理アプリにできること

・予定を事前に通知するリマインダー機能
・他の人とスケジュールを共有できる
・予定が変更になった場合も簡単に編集できる
・仕事用やプライベート用など複数のカレンダーを使いわけられる
・スケジュールの見せ方を変更して把握しやすくできる

3. 手帳によるスケジュール管理との違い

・紛失しない
・予定を失念しない（リマインダー機能利用で）
・時間軸を変えてスケジュールを把握できる
・他の人とスケジュールを共有できる
・毎年購入する必要がない

❯❯知っておきたい使い方

個人が利用する基本機能について、改めて図を加えて、ご紹介します。
以下の操作画面は、パソコンでのものです。

予定の検索 右の方の虫眼鏡マークを左クリック
検索窓が出て来ます
場所でも何でも検索できます

≡ ■ カレンダー 今日 ‹ › 2020年 12月 ～ 2021年 1月   Q ⑦ ⊚ ▦ ▾   ⊞

通知方法をメールに

初期設定で通知となっている所
を左クリックすれば、メールに
変更できます

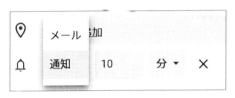

その初期設定自体をメールに変更できます 歯車マークを左クリックして、
設定→カレンダー→通知を編集と進めば、可能です

≡ ■ カレンダー 今日 ‹ › 2020年 12月 ～ 2021年 1月   Q ⑦ ⊚ ▦ ▾   ⊞

ファイルの添付

クリップマークを左クリック

基本はGoogleドライブからの添付ですが、「アップロード」があれば、機器のファイルを添付できます

予定の共有方法

Googleカレンダーの画面左側のマイカレンダーから共有したい（仕事用を想定）カレンダーを選び、右横にある「オーバーフローメニュー」（…が縦に並ぶマーク）を左クリック　「設定と共有」を選択します

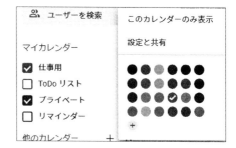

「カレンダー設定」画面の「特定のユーザーとの共有」に以下を入力して「ユーザーを追加」を左クリック

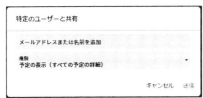

・ユーザー：共有したいユーザーのメールアドレス、会社用infoアドレスを想定、を入力・権限の設定：閲覧権限（すべての予定の詳細）、共有するユーザーのカレンダーの編集・閲覧権限を選択（閲覧）のみを想定 この結果、個人の仕事用カレンダーを会社用infoアドレスに公開

招待の機能

スケジュールの招待状を送信：Googleカレンダーには、他のユーザーにメールでスケジュールの出欠確認がとれる「招待」という機能があります。

ゲスト

ゲストを追加

ゲストの権限

☐ 予定を変更する
☑ 他のユーザーを招待する
☑ ゲストリストを表示する

招待したい予定を選択して「予定の編集」を左クリック
「予定の詳細」画面の右側の「ゲスト」の欄に招待状を送りたいメールアドレス（他の従業員などを想定）を入力
送り先あてに招待メールが送信されます
送り先はメッセージを開き、出席する場合は「はい」、欠席する場合は「いいえ」を左クリック 自分あてに
送り先から出欠の結果を知らせるメールが届きます

その他

　予定登録の時、「予定」以外に「外出中」「予約枠」を設定できます。「予約枠」は登録予定に、予定マークが付きます。記念日などにしたい場合は、時間帯を終日に変更すれば、可能です。マイカレンダーには、予定以外に「TODOリスト」と「リマインダー」の機能を切りわけて、利用できます。その日の予定リストをメールで受け取る設定も可能です。最初にお読みになった段階では、これらの方法があることを知っておくだけでよいでしょう。

以上

第五章

今どき電話と
メールじゃすまない
無料でビジネス連絡(チャット)

だから会社にこれが必要

❯❯チャットの位置づけ

　今や、ほとんどのグループウェア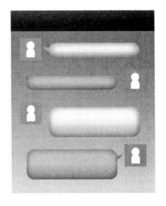には、チャットの機能が備わっています。それでも足りずに、専用サービスのビジネスチャットを導入する会社もあります。

　私も、相手からのご依頼で、ご指定のチャットでやりとりしたことが何種類かありました。特別なことをしなければ、はじめてでも使える、簡単なツールです。

　2014年の初めてのスマートフォンで、ショートメッセージ（ＳＭＳ）の代わりに利用したのが、LINEでした。電話をほぼ利用しないわが家は、家族同士の連絡に利用していたのがＳＭＳでした。

> ＳＭＳとは、Short Message Serviceの略で、携帯電話同士で電話番号を宛先にしてメッセージをやり取りするサービスです。https://www.au.com/support

　LINEは、ＳＭＳに似ていますが、ＳＭＳ一通３円が不要になります。電子メールよりも、さらに早い瞬時のやりとりができる。この応答の速さと、履歴が残ることで、安心して利用できる。結果として、使いこなして、上達することができました。

❯❯ 機能の豊富さに動きの軽さ
　マンツーマンと既読機能

　上達すると、ＳＭＳの代わりどころか、写真や音声までやりとりできる。LINE同士なら無料電話もできて、無料テレビ通話も可能。操作も簡単な上に、動きがとても軽いのです。私の常識では、豊富な機能をもつものは動きが遅く、アプリを呼び出す時間もかかりそうなものと考えます。ごくまれに着信遅れも起きますが、それは電子メールも同じこと、おおむね瞬間的にメッセージが届きます。

　　　町中から娘から　迎えに来てほしい
　　　　　　　　　　　１５分後に到着予定　と私
　　　娘から　はーい
　　　　　　　７分後××に　と私
　　　マンツーマンのこんなやりとりになります

　特定の相手とやりとりする場所を開いて、メッセージの交換をするので、メールの様な宛名やあいさつは不要。代わりにスタンプを貼りつけるのがお決まりの様ですが、私はほとんど使わない。連絡に徹します。LINEでは、ビジネスチャットにはない、相手がメッセージに目を通すと、「既読」が付きます。電子メールの欠点をカバーして余りある、正に新たに進化した次の世代のコミュニケーションツールです。
　これはもう、ビジネスに使わずにはいられない。

❯❯ ビジネスチャットとは
　さて、あらためて、定義を、確認してみましょう。
　安全で効率的！ビジネスチャットを利用する4つのメリット
　https://www.wowtalk.jp/blog/businesschat-merit.html

◆ビジネスチャットとは、業務に関する連絡や、メンバー同士のコミュニケーションを目的として開発されているチャットツールです。「社内SNS」と定義されるサービスもあります。

一般消費者向けのチャットツールと異なり、複数人や（部署やチームなど）各グループごとに用いることを想定した設計になっており、各社情報セキュリティの強化に取り組んでいるのも特徴です。

また、外部のツールと連携できるビジネスチャットもあるため、自社の業務に合わせて機能を拡張することもできます。コミュニケーションだけでなくプロジェクト管理などの業務にも役立つでしょう。

以上

導入のメリット

❯❯私の提案する導入目的

　チャットをビジネスに導入する目的を、私はこう考えています。最大の目的は、ビジネスの圧倒的な高速化です。現場作業で判断に迷った時に、詳しく報告しながら、アドバイスをもらう。役所で手続きの際、必要になった情報を、知らせてもらう。客先で、想定外のご依頼をいただいた。誰かに尋ねて、その場で解決する。仕事中感じた疑問を、すぐに相談、答えやヒントをもらう。その際、写真や動画を撮って、相手に見せることで、状況を正確に伝えられます。

　現場の故障力所、手続き用紙の記入欄、立ち寄り先でたまたま見つけた製品、接客相手の名刺、連絡してほしい先のアドレスや電話番号、等々必要に応じて、遠い場所のメンバーとテレビ通話で、表情を見ながらの対応もできます。

　カメラやボイスレコーダーに通信機能が付いたものが、スマートフォンです。このことは、とても重要なことですが、多くの方が活かせていません。

チャットの操作は簡単なので、これらのことになじみ活用する機会を得られます。

❷このツールも小さな会社が有利

　心がけて利用することで、業務の品質や能率を向上させられます。チャット導入の目的をGoogle検索しても、小さな会社に合ったものが見当たりません。規模の差による導入目的の違いだと思います。所帯が小さければ、より力を合わせる必要がある上に、少人数だけに方向性をまとめやすい、使い勝手をより高めることが可能になります。

　もし、あなたが個人事業主なら、アシスタントの方や、協力いただいている方との連絡への利用を考えてほしい。「たった一人です」の方も、おいおい協力者を増やして行く前に、ご家族と一緒に習得されるのが、おすすめです。

　目指す効果は
　仕事のフットワークをよくすること
　業務の精度向上

チャットワークという国産のビジネスチャットの「具体的なメリットを知りたい編」の資料から

①メールと比べてスピードアップし、業務効率化が図れる
②過去ログの検索・閲覧で、情報共有がしやすい
③非同期型コミュニケーションで好きな場所・時間で返信
①補足：ある大手インターネットサービス企業では、メールと比べて1人あたり毎日1.26時間を削減できたとの声もありました。
　　　　以前に「メールに対する課題感」のアンケートを当社でおこなってみたところ、スピード感に対しての回答が多かったんです。定形の挨拶文や結びの言葉など、本題以外にも書くことがあり、文面も固くなりがちです。
　　　　一方で、Chatworkのやり取りは、チャットがベースです。無駄な文面を書かずに、いきなり本題に入っても自然な流れで読めるのが魅力ですね。
③補足：Chatworkは「非同期型コミュニケーション」であることもメリットといえると考えています。
　　　　反対の「同期型コミュニケーション」で代表的なのは電話ですね。お互いの時間を合わせた上で、ときに相手の時間をもらいながらでないとコミュニケーションが取れません。一方でチャットは、自分の都合が良いときに返信できます。
　　　　ネットさえつながれば時間を選ばずにやり取りできます。ただ、メッセージだけでなく、ビデオ／音声通話ができる「Chatwork Live」という機能も設けていますので、必要に応じたコミュニケーションの選択肢は用意しています。

　②の過去ログとは、個別のやりとりから、あそこで聞いたこと・話したことなどを検索することです。メールと異なり、個別のやりとりの中で探せることと、メッセージの語句での検索ができるので、容易に探し当てられます。

　仕事にチャットを持ち込むと、スマートフォンがより身近になります。スマートフォンをふだん使いにすることのできる、最適な道具です。

以上

無料で使えるLINE

◆◆利用者がとても多いLINE

　無料で利用できるのは、一部の方たちが有料スタンプなどの有料機能を使っているからです。ほとんどの方は無料で利用できます。LINEはビジネスチャットではなく、一般消費者向けのチャットですが、そのLINEをあえて選ぶのは、次の理由です。

　日本人口の約67％！ LINEのユーザー数8,400万人がどれだけすごいか、身近なモノと比べてみた

　https://webtan.impress.co.jp/e/2020/06/17/36097

> コミュニケーションアプリ「LINE」の月間アクティブユーザー数は、2020年3月末現在で8,400万人を超える。 これは、アプリのインストール数ではない。最低でも月に1回以上利用するユーザーが、8,400万人も存在するという驚異の数値だ。

　みなさんの会社の従業員さんも6割程度は利用者、とてもなじみやすい。

◆◆ビジネスチャットの機能をほぼ充足

　ビジネスチャットを導入するその意味と効果とは？　メリット・デメリット解説　https://www.e-sales.jp/eigyo-labo/ビジネスチャットとは-5020

ビジネスチャットに搭載されている基本機能について紹介します。
・チャット機能：チャットでコミュニケーションが図れる機能を指します。
通常のメールとは異なり、宛名や署名、挨拶などを簡略化できるため、気軽
なメッセージのやりとりをすることができます。
・グループ作成機能：個人単位だけでなく、チームやプロジェクト、部署ご
となど、必要に応じてメンバー　をグループに招待することが可能なため、
１対Ｎ（複数人）のコミュニケーションが手軽に行えます。
・音声チャット・ビデオチャット機能：インターネット環境があれば、文字ベー
スでの情報共有だけでなく、　音声や映像のやりとりを行えます。
・ファイル共有機能：テキストベースのチャットだけでなく、ワードやエクセル、
パワーポイント、画像や動画など、様々な種類のファイルを添付することが
できます。
・その他の機能：チームやプロジェクトごとの進捗状況や各従業員のタスク
を管理することができる機能です。外部システムと連携させることで、スケ
ジューリングやリマインド機能も利用することができます。

上記の基本機能を、LINEで、確認しましょう。

・チャット（リアルタイムに複数の人が文字を入力して会話を交わ
すこと）機能：問題ありません。

・グループ作成機能：私はふたつだけ利用。５０人のグループの方は、
盛んにやりとりされています。

・音声チャット・ビデオチャット機能：文字の代わりに話しかける、
音声通話もビデオ通話もできます。

・ファイル共有機能：一般のofiiceファイルはもちろん利用できる、
一番使うのは、カメラを利用して今を共有することや、画面に表
示させたwebページや名刺を添付する。その他の機能が必要に
なったら、Googleカレンダーなどで対応しましょう。少なくとも、
始めるとき、「その他の機能」は必要ありません。

❯❯ LINE株式会社について

> LINE株式会社は、東京都新宿区に本社を置き、日本で活動するインターネット関連企業。
> 韓国最大のインターネットサービス会社であるネイバー（NAVER、1999年設立）の100％子会社として2000年に日本で設立された。2018年時点で子会社であるLINEはNAVERグループ全体の総資産の40.1％、売り上げ高の37.4％を占めている。2021年3月1日にソフトバンクグループ傘下のZホールディングスと経営統合し、現在のLINE株式会社はジョイントベンチャー化し、ソフトバンクグループの完全子会社化された。
>
> ウィキペディア

　LINEの前身は、ライブドアでした。韓国のネイバーに買収された後、元ライブドアの人たちがLINEを作ったのです。ソフトバンクが買い戻して、本来の日本の会社に戻りました。

　AndroidアプリのLINEは、Play Storeの評価は4.1、高い評価で、評価者は12,600千人。第4章までのGoogleのアプリを大きく上回る評価者数、とても素晴らしい。

以上

取り組みのポイント 難易度

❯❯ 皆で利用目的を確認しましょう

　LINEは、比較的易しく展開できます。

　まず、従業員の半数は利用者であること、大きな安心材料です。初体験の方々も、やりとりしてみれば、一目瞭然。次に、他のコミュニケーションツールとの相違点を理解して、利用目的を確認しましょう。

【Chatwork】導入を定着している企業のノウハウ公開！より

		メリット	デメリット	活用シーン
👥	対面	表情や態度、言葉でニュアンスが伝えられる	日程調整・移動に時間がかかる	士気を上げるための面談
📞	電話	言葉でニュアンスが伝えられる	言った言わない問題になりがち	緊急性が高いやり取り
✉	メール	時間を気にせずやり取りができる	ニュアンスが伝わりにくい、やり取りが煩々しい	社外の方への礼儀正しいやり取り
📱	SNS	時間を気にせず気軽にやり取りができる	情報漏洩や乗っ取りのリスクもあり、ビジネス用途でない	知人・友人とのプライベートなやり取り
💻	ビジネスチャット	時間を気にせず気軽にやり取りができる	テキストだけだとニュアンスが伝わりにくい	普段からやり取り多い社内外とのやり取り

◎取り組みのポイント

LINE の導入は、基本通りで取り組みましょう

・それぞれのメンバーが、自分のものになるまで、繰り返し使う。

・「自然に」は期待できないので、嫌にならない程度の強制力　日常業務に組み込む。

・一人の脱落者も作らない。そのため、ハードルを下げて、始めやすくそして徐々に広げる。（小さく生んで大きく育てる。）

・期待感のあるうちに、便利を実感できるように（従業員をその気にさせる。）

技術面の次の事柄は

①LINE 未経験者への対策。

②LINE 経験者も、未利用が予想されるファイルなどの添付の利用。

①については、二人一組で、初心者は熟練者と1日1度雑談してもらう。

①が軌道に乗ったら、②は仕事に組み込む。

たとえば、現場仕事でしたら、仕事の開始時終了時に現場写真と音声を送信する。などです。

最初の社内ルール（たたき台）は、すべてのメンバーが問題なく、操作できる様になってから。

・社内のやりとりは、原則チャットを使う（電話は禁止）
　普及時期は、これまでメール連絡だったものをチャットにきりかえるなどの措置が必要です。

・漏れては困る、込み入ったことは対面もしくは電子メールとする
　セキュリティへの配慮であり、誤解が生じるとかえって非効率です。

・返信が不要なものには、「※返信不要」とつける
　知らせたいだけ、雑談など、宣言しておけば、相手は安心します。

・２２時から７時は、書き込まない
　通知オンにしていれば、枕元に置いて就寝する人を着信音で起こします。

・返答は、就業時間内とする
　時間外に着信しても、返答も仕事の一つですので、勤務時間にしか行いません。

・半日に最低１度は着信確認する
　普及時には外せないルール、着信に気づかない場合の保険です。

・大げさにしないこと／堅苦しくしないことを意識する
　電子メールと混同させない配慮です。

以上

操作手順と進め方

　社長以下全従業員が、スマートフォンで操作使用するとしてご説明します。

◈スマートフォン(Android)のインストールと初期設定

1：「Playストア」のアイコンをタップ

インストール済なら1)2)3)は不要
また、iPhoneの場合はApp Storeから

2：Google Play ストアの検索窓にlineと入力

LINE（ライン）-無料通話・メールアプリ-を選択してください
「インストール」をタップ
途中「同意する」をタップ

3：開くが表示されましたら、インストールは完了

続いて、「開く」をタップ

4：LINEを起動したら[新規登録]をタップ

登録済なら以下は不要

5：[利用規約]、[プライバシーポリシー]を確認後、電話番号を入力し[→]をタップ

6：SMSに認証番号を送ります

で、「OK」をタップ
その結果、右図ショートメッセージで認証番号が届きます

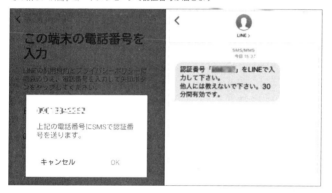

7：届いたショートメッセージに記載されている認証番号を入力

※一部端末では自動的に認証番号が入力され次の手順に進みます
※4の後に「おかえりなさい、〇〇!」と表示された場合は[いいえ、違います]をタップ

8:[アカウントを新規作成]をタップ

9:名前・プロフィール画像を設定し[→]をタップ

名前は、かなりの方がニックネームなどを使用されていますので、実名にこだわらないことにしましょう ただし、取引先の中にも、LINEでやりとりしたい方がいらっしゃることを意識しましょう

10:パスワードを作成後[→]をタップ

パスワードはLINEに固有のものを推奨します
必ず控えておきましょう

11：友だち追加設定（アドレス帳の利用）を確認し[→]をタップ

※友だちの自動追加や、自分の電話番号を知っている相手に、自動で[友だち追加]されたくない
場合は、チェックを外してお進みください

以下・年齢確認画面で認証をするか選択。
は「あとで」をタップ

・サービス向上のための情報利用に関するお願い
画面を確認。位置情報へのアクセスを許可する、
で「設定」をタップ

　ここまでで、これまでLINEを利用されてなかった方も、すべてインストールされ、利用が可能になりました。全従業員そろったところで、続きをやりましょう。「QRコード」で友だちを追加します　代わる代わるすることで、操作を覚えましょう

❯❯スマートフォン(Android)の友だち追加

1:[ホーム] > [友だち追加]
> [QRコード]をタップ

2:相手方は、[QRコードリーダー]
を開き、[マイQRコード]をタップ

自分のQRが表示されます

QRコードリーダーは、「ホーム」「トーク」
「ニュース」のいずれでも、画面上部の検索
窓の右横のマークをタップして、開きます

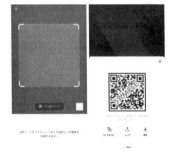

3:[QRコードリーダー]を開き、相手方
の[マイQRコード]を読み込んでください

4:相手のQRコードを読み込むと、
その友だちが表示されますので[追加]
をタップ

❯❯ビジネスチャットの初日

「友だち」を追加し終えたら、メッセージをやりとりしましょう。LINEでは、メッセージをやりとりする画面を「トークルーム」と呼びます。やりとりする相手ごとにトークルームが作成され、ほかの人は閲覧できません。初めてトークする際は、「ホーム」画面の「友だち」リストからトークする相手を選び、「トーク」をタップしてトークルームを作成します。一度やりとりした相手とは、「トーク」画面にあるトークルームからメッセージのやりとりが可能です。

　トークルームで自分が送ったメッセージは、画面右側に緑色の吹き出し、相手のメッセージは画面左側に白い吹き出しで表示されます。送信したメッセージはすぐに相手に届きますので、会話をしているようなテンポでやりとりできます。相手がメッセージを見ると「既読」マークがつくので、確認したかどうかが一目瞭然です。

　熟練者から初トークして、受け取った方から、返信トークしましょう。これで、その二人はLINEでのコミュニケーションが取れる様になりました。次々、組み合わせを変えて、全員の友だち追加をして、トークのやりとりをしましょう。その作業の中で、初心者の方も、ぜひとも友だち追加の方法をマスターしましょう。

　チャットはすぐ着信するので、一同がそろった場所でやっておくと効率的です。相手の力量も把握できるので、今後のためにも、全員相互に送り合っておきましょう。

❯❯テキスト以外のやりとりできること

　さてLINEでは、テキスト以外のものが送れます。
　ビジネスに活用していただきたいものを、以下で例示しておきます。
　全員の友だち追加が終わった時に、余力があれば、続いてやりましょう。
　日を変えても、全員そろった場で、練習します。

1：写真を撮って、送りましょう

下の方、+の右カメラマークをタップ　写真を
撮って、相手に見せられます

＋ ◎ ⊠　　　　　　　☺ ⬚

2：ボイスメモを、送りましょう

右端のマイクのマークをタップ　音声が取れます。

> さらに、左端の＋を押すとこのように、送れるも
> のが表示されます
> この中で、重要なものは

3：先頭のファイルをタップ

スマートフォンのファイルや、Google
ドライブの中のものなど、ほぼすべてを
扱えます

4：3つ目の位置情報をタップ

地図が出てきます。ピンで自由に位置を
指定でき、今現在の自分の場所を教える
ここに集まろう、集合場所を教えられま
す

4)位置情報は、トークの受取側がどんなものかわかっていないと、
受け取ってもピンと来ないものです。たとえば、大きなスーパーの自
分のいる場所を相手に教えるつもりで、ピンの位置を調整する。そし
て、相手に伝えることを、皆でやってみましょう。

「共有する」という言い方があります。LINEは、これらを送れます
ので、まさに「今を同時に体験する」道具と言えます。

この節については、主に、LINE公式ホームページの「LINEみんなの使い方ガイ
ド」を参考に構成しました。

以上

注意したい使い方

≫チャットですること・しないこと

　利用が軌道に乗ると、ちょっとしたきっかけで、さまざまな使い方がされる様になります。そこで、チャットですること・しないことを整理しておきます。

　①すること
　　・要件のみ短文でが原則
　　　仕事の効率向上、スピードァップが目的です
　　・絵文字は、感情を表現する
　　　チャットの短文は冷たい印象を与える可能性があるので、ねぎらいや感謝を表す使い方は歓迎です
　　・返答のほしいメッセージには早めのリアクションに努める
　　　見てもらえただけで、相手に安心感を与えます。手がいっぱいなら、「確認します」「後で考える」でもＯＫです。

　②しないこと
　　・既読になっても、回答を求めない
　　　即答させることは、相手の今の時間を奪うことです。送受信がずれることを許すコミュニケーションツールの理解が不足しています。
　　・スタンプの多用
　　　私用で多用されている方には、求めにくいですが、できれば絵文字程度にとどめましょう。
　　・漏れて困ることは書かない
　　　うわさ話などでも文字に残せば、何時か知られます。

・込み入ったことや長文は避ける

　誤解が生じる恐れがあります。込み入ったことも、ステップを置いてやりとりすれば、理解できる可能性はあります。

③判断の必要なこと

・雑談

　社内ルールによりますが、一人で作業しているときなどの、不安解消にはつながる。一体感は生まれやすくなります。ビジネスチャットも、雑談にも使われているのです。

・頻繁な雑談は不可

　おしゃべりの好きな人は、通知オフにされ、急ぎの要件に対応してもらえない可能性があります。

❷職場での活用がスムーズになるために

　チャットが何か、を考えると、「chat」という英語が語源になっています。「chat」にはおしゃべりという意味があり、リラックスして雑談をするという意味もあります。

　Twitter（ツイッター）、Facebook（フェイスブック）、LINE（ライン）やInstagram（インスタグラム）などのすべては同じ仲間。そもそも、インターネット井戸端会議、おしゃべりを楽しむものとして、生まれてきました。

　LINEを日常的に使っている方には、おしゃべりを楽しむのが中心で、禁止してもついそのくせが出てしまうでしょう。雑談も場合によっては、とするのは、そのためです。目的次第で、どんなルールもありうるのです。所属するグループで話し合って、よりふさわしいルールを作って行くしかありません。

　手順を踏まない禁止で、無用な反発を招く。たとえば、会社でLINEを利用することを憎んだり、一人が嫌いになれば、グループ全

体が嫌いになる負のスパイラルを、招く恐れさえあります。

　初期の段階は、会社目的に従っていれば、広い心で対応していただきたい。最初の社内ルール（たたき台）は提示しましたので、時期をみてこれらのことを考慮した、より皆が喜んで協力してくれるように、話し合いでルールを改定しましょう。

❯❯LINEのビジネス版について

　一般消費者向けのLINEで安定し、管理機能が必要なら、LINE WORKSに移行すると、よいと考えています。まったく別のアプリですが、既読の確認が可能などLINEの操作感を再現して、ほとんど違和感がありません。ビジネスチャットが備えている管理機能も、フリープラン無料で利用できます。

以上

第六章

埋もれた名刺が宝の山に
無料で人脈管理システム

だから会社にこれが必要

◉取引先情報は管理しましょう

　私のとらえ方は、会社に関わる全ての接触先です。

　名刺ホルダーで、電話連絡先簿で、手帳に挟み込んだアドレス帳、単に記憶しているだけのところもあるでしょう。そういえば、年賀状や暑中見舞いのソフトのデータにもあったな。どんな所帯の会社でも個人でも、全ての接触先となれば、さまざまなものに散らばっています。

　少人数で、いろいろな事をする必要のある小規模事業者では、とても非効率です。会社に関わる全ての接触先をまとめて管理できるアプリが名刺管理アプリです。松重豊さん演じる営業部長が、社長に「それ、早く言ってよ〜」は、ある名刺管理アプリのCM。「食い込みたかった折衝先、実は社長と名刺交換していた」、どんな小さな会社でも、管理してなければ、ありうる話です。

　ビジネスアプリでは定番の名刺管理アプリ、無料版には元々枚数制限がありましたが、今は殆どのものが枚数制限無し。

　安心して試してみることができるようになりました。名刺の読み取り精度も非常によくなっており、入力負担も感じません。登録してしまえば、出先で取引先の情報が見たいと思った時、頭に浮かんだどんなキーワードでも検索が可能です。画面の中では、見たい項目は決まった場所に表示され、たとえば電話番号をクリックすると、電話アプリが立ち上がる。住所をクリックすると、地図アプリが立ち上がり、メー

ルアドレスをクリックするとメールアプリが立ち上がります。かつての机の引き出しから名刺ホルダー取り出して、めくって探す、異次元の便利さ、とても使えます。

❯❯昔の名刺管理ソフトと比較にならない

今は昔になってしまいました。名刺読み取り専用スキャナーと有料の名刺管理ソフトが普及して、会社として取り組んだところもありました。聞いた話では、名刺の読み取りがそれほど高性能ではなく、データ化に手間がかかったそうです。使えるまでのストレスが大きいシステムは失敗しがちで、その典型であったかもしれません。

その点、現在の無料アプリ、スマートフォンで読み取ります。カメラの精度が高性能で、文字への変換精度も高く、データ化がとても容易です。「昔の有料より今の無料」が、ここにもあります。枚数制限なくデータ化が簡単となれば、もらった名刺、全部登録しておきたい。余りご縁のないかも知れないところも、登録してしまえば、ご縁ができるかもしれません。

❯❯取引先情報がいつも手元にあるだけで

名刺を頂いたことのないお付き合い先、ちょっと教えてもらいに行く先やご飯を食べるところや、消耗品購入する先、病院・散髪屋、これまで事務所にあるアドレス帳で管理しているところ、入力してしまえば、出先からの帰り道に、たとえば「寄っても良いか」と連絡してみる、「あれ届けといて」と依頼する。

これまでは事務所に戻り、アドレス帳開いて電話する、しかありませんでした。それが解決する上に、その電話のためにやりたかったことを一瞬忘れるのが、一番残念でした。

なにしろ、少人数だと、専門担当者は居ないので、多くのことをしないといけません。これが、能率上げられない小さな会社の宿命です

が、名刺アプリの活用は、小さな所帯でお付き合い先が限られていることをメリットにします。

　全ての連絡先が登録されていれば、ちょっとしたスキマ時間を活用して、用事を片付けることができます。登録の範囲は、個人事業主や小人数だと、個人に近いところまで登録してかまいません。端的に言うと、2度目の連絡があると思えば、とりあえず登録しておけば良い。メモ紙に書いても、行方不明になることも多い、とりあえずの登録で、手戻りがなくなります。20人に近いところの登録の範囲は、全ての要員の名刺交換先と事務所として連絡・取引のある先までか、と思いますが、もっと大きいところとも事情が違い、裁量の余地が大きいのです。

以上

導入のメリット

❯❯名刺管理ツールとは

　名刺管理ツールの導入 目的やメリット・デメリットを解説！
　https://ksj.co.jp/knowledgesuite/service/column/meishi-introduction.html

そもそも名刺管理の目的とは？
欲しい名刺が出てこない
在社年数を重ねれば重ねるほど、当然ながら名刺は増えていきます。
いざ、ある1枚の名刺が必要になった時、名刺ファイルをひっくり返してあれでもないこれでもない…と時間を費やして探した経験、あなたにはないでしょうか…？
名刺に紐づく情報の管理ができない
名刺に書かれている情報はごく限られたものです。社名・氏名・会社所在地に電話番号…といったところが一般的ではないでしょうか。
しかし、こうした情報こそが商談には重要であり、またアナログ名刺管理ではここまでの情報を名刺と紐づけて管理することは難しいでしょう。
紛失・流出の危険
アナログ名刺管理の場合、どうしても社員個人による管理になりがちです。
名刺は1枚1枚がビジネスに活用できる大切な顧客データであり、また顧客の個人情報でもあります。
紛失・流出はビジネスチャンスを失う可能性があるばかりか、昨今問題視される個人情報の流出にもつながります。悪用され、顧客企業に迷惑をかけてしまう可能性もゼロではありません。
「デジタル名刺管理」の目的は、これらの課題を一掃することにあります。

◈ 人脈管理システム：私が得たメリット

　前職時代の名刺管理は、2冊の名刺ホルダーに入るだけにして、残りは名刺ケースで保管していました。それでも1年に何度か、ケースの方を探しましたし、名刺ホルダーからなかなか探し出せないこともありました。そのムダな検索作業が省ける上に、あらゆるタイミングにわずかな時間で利用できます。すべての従業員が交換した名刺情報を取り込んで、その後、得られた情報を加え一元管理します。

　営業だけが重要ではありません、仕入れする・教えてもらうこともあるのです。日常交流のあるところも、取り入れます。そこもどんな背景があるところなのか。

　出版を目指して、出版社に中継していただける人を探している時期がありました。私の名刺管理アプリに登録されている約千人、たかだ

か知れています。それでも、国会図書館の図書目録、著者欄で検索して、６人の先輩出版経験者をピックアップしました。そのうち３名を選んで、出版社を紹介していただく様にお願いしたのです。

　これも、名刺管理アプリに登録してこそ、できた作業でした。みなさんに、ご協力いただけました。その中で、出版点数の一番多かったので、加えた方が有難かった。さまざまなアドバイスいただけたうえに、広島の出版社につないでくださいました。ところが、この方名刺交換の１度しかお会いしたことがない、名前を見つけた時に、しばらく思い出せないほどでした。

　名刺管理アプリがなければ、名刺ホルダーに収めていたかどうか定かでない方、名刺データを１件１件丹念に見なければ、思い出すことも難しい。そういった方でした。人脈管理後、改めて登録することにした中に、結果として父の遺産相続のお手伝いをお願いした方もいらっしゃいました。

　名刺交換だけではわからないことがたくさん、あります。登録しておいて、はじめて活用できることがあるのです。母の介護の関係でお知り合いになった方々の幾人かには、メルマガを送信しています。たとえば、本書を活用される可能性もあるからです。人脈管理しておけば、関係先すべてをさまざまな分野において働きかけること、それが可能になるのです。

◉メリットのまとめ

　高機能の名刺ホルダーになるスマートフォンで、いつでも取引先情報が手元にあって、利用できる利便性。すべての取引先情報が一元管理できて、紛失と漏えいの恐れが軽減できる。すべての人脈の高度活用が可能になる。

以上

無料で使える名刺管理カムカード

≫たくさんある名刺管理アプリの中で

　名刺管理アプリを選ぶには、個人向け無料と有料、会社向けの基本３区分のどの種類か、それを見定める必要があります。

　日本では人気のあるSansan・Eight、看板サービスである無料の入力代行を私は評価しません。ご自分で使いこなすべきデータベースは、ご自分で正しく入力して、利用することを推奨するからです。無料で始めることでハードルを下げ、ＩＴにチャレンジをしていただく趣旨ですので、個人版無料のCamcard Liteの一択です。

≫名刺管理アプリとは

　名刺管理アプリおすすめランキング！手軽な無料＆高機能な有料アプリを徹底比較

　https://blog.ncbank.co.jp/posts/68

> **名刺の保管や整理に便利な名刺管理アプリ**
> **どうやってデータ化する？**
> 名刺管理アプリでは、主にスマホのカメラで名刺を撮影することにより、氏名や会社名、電話番号、メールアドレスなどの情報を読み込むことができます。カメラで撮影するだけの簡単な作業のため、思い立ったらすぐに名刺管理を始められるでしょう。
> **連携機能にも注目**
> たとえば、ホームページアドレスから簡単にホームページを表示させたり、Googleマップと連携することで名刺記載の住所からすぐに地図を表示させたりできます。
> アプリによって連携機能は異なるので、自分に必要な機能を備えているかどうかをチェックするのがよいでしょう。

　スマートフォンが高機能な名刺ホルダーになる点にご注目ください。

　個人版名刺管理Camcard Liteからの自動連係は、おおむね４種類　電話・メール・地図・会社ＵＲＬ。急に思い立って調べる、電話

してみる、電子メールで問い合わせることができます。無料版では、広告表示がありますが、それほど邪魔になりません。少なくとも使い勝手を試す間に、広告なしの有料版を購入する必要は無いと思います。

❯❯カムカードのWeb版

パソコン版＝Web版でも、メール・地図・会社ＵＲＬからの自動連係が可能です。パソコンの大きな画面は、スマートフォンでは細かいところまで気が付かない点を補います。また、インターネットなどで知った、諸々の情報を追加することに、とても向いています。取引先一覧画面は、べたで調べ上げる作業がスムーズ、とても重宝します。

大事なのは、取引先のデータベースは同じものを、スマートフォンでもパソコンでも場合によってはタブレットからも利用する。検索・変更できて、その結果もすぐにそれぞれに反映されます。これは、サービス提供元のストレージで管理しているということ。取引先のデータベースは、個人情報に当たりますが、スマートフォンで利用してはいるものの、スマートフォンの内蔵ハードディスクにはありません。だから安心できるのです。

❯❯カムカードの評価・提供元

Androidアプリのカムカードは、Play Storeの評価は4.3となかなかつかない数字、トップクラスの評価、評価者は140千人。　日本ではシェアNo.1名刺アプリEightは、Play Storeの評価は3.9で、評価者は30千人と5分の1です。

世界では、圧倒的にカムカードが優勢です。提供元のINTSIGは中国系の会社、本書で取り上げるアプリ提供元の中では、もっとも小さ

な会社です。カムカードに問合せると、必ずしも返事が来ない、日本人と違い、返答不要のものには答えないらしい。それでも、バグを知らせると返事をくれるし、そんなこと知らないで困っていると察知すると、アドバイスしてくれました。

　Googleより親切、LINEより顔が見えると好感触です。カムカードの唯一感じる欠点、名前の自動ふりがなが弱い。ここはあいきょうと考えて、ファンで居続けたい。

以上

取り組みのポイント 難易度

❯❯皆で使い勝手を確認しましょう

　名刺管理アプリについて、私の独自情報では、よく使う人は８％、ほとんど使わない人は８７％。あなたの会社には、利用される方はいらっしゃらない可能性があります。

　名刺管理アプリの使い勝手を、理解するために、現場で利用してみるのが一番の優先事項です。シナリオテストを行った後、直近の予定で、何件か取引先を登録して、社内外で試してみましょう。用事がなくても、操作して、どんな感覚になれるのか、繰り返しましょう。利用の効果を実感できたら、次の段階。訪問予定先、そのついでに寄りたい先の名刺を登録しはじめましょう。

❯❯お試しで名刺登録

　IT化の取り組みとしてはやさしい方ですが、初期登録に負担があるので、登録負担とその効果がバランスする範囲で徐々に進めたい。最初に登録するものは、白地に黒い字のオーソドックスなものからはじめ、登録方法のコツを覚えるまでは、1日10件程度ずつにします。コツをおぼえるまでのモタモタした状態も、どこかの時点で、卒業できます。その時までは、ムリをして、嫌にならない様にしましょう。しばらくは、それなりに利用できる範囲を手近な目標とします。10枚単位でまとめて撮影・登録し、データの中身はパソコンで整えるのが効率的です。

　データ整備はパソコンでの作業に向いており、一度に見ることのできる項目範囲が広く、能率を上げることが可能です。複数画面にしてコピー貼り付けなどやメモ帳経由で行う、同じ会社の人たちのまとめ入力と、さらに工夫もできます。視力が弱っている年配者ほどパソコンでの作業がおすすめ、パソコン操作にも慣れる機会と考えていただきたい。

　名刺登録のコツを覚えたら、ご自分のものを完全登録します。

❯❯初期登録に手がつかない方は

　日本でカムカードのシェアが低いのは、スマートフォン操作に不慣れなためではないかと考えています。自分たちでの登録に手がつかない場合、唯一の解決策：思い切って外注しましょう。

　期待感のあるうちに、使用者の興味が薄れないうちに、便利な状態にしてしまわないと、機会を逃してしまいます。

　すぐ働けてすぐお金がもらえるスキマバイトアプリ、*Timee(タイミー)*。

　タイミーの導入で、採用コストを削減した事業者続出。

とコマーシャルをやっていたタイミー、がっちりマンデーで興味を持っていたので、取材してみました。1時間千円で雇えて、20件は名刺に入力してくれる。働き手は若い人中心なので、さらにいけるかもしれませんが、百件が5000円ならじゅうぶんでしょう。信用できる人を選び、守秘義務契約の上、会社で作業してもらいましょう。

❯❯グループについて

　名刺の元の所有者別と、属性別の併用にして、ふたつ以上与えておくのが、ベストです。元の所有者の方の「社長」「幹部」「従業員」、事務所のアドレス帳から入力したものは「事務所」とつけます。属性別の方では、一般的には「参加会合名」「協会名」「得意先」「仕入先」「個人の交流」「近隣の交流」などです。

以上

操作手順と進め方

社長以下全従業員が、主にスマートフォンで操作する前提でご説明します。

❯❯スマートフォン(Android)のインストールと初期設定

1:「Playストア」のアイコンをタップ

インストール済なら1)2)3)は不要
また、iPhoneの場合はApp Storeから

2:Google Playストアの検索窓にcamcと入力して検索

CamCard名刺管理を選択 「インストール」
をタップ 途中「同意」にタップ

3:開くが表示されましたら、インストールは完了

続いて、「開く」をタップ
途中操作ガイドが表示されます
初めての場合は登録を選びます ログイン
IDは会社用infoアドレスとCamCard固
有の パスワードを設定
そのメールアドレスとパスワードで、他の
従業員もログイン

4:会社用infoアドレスに届いた認証コードを入力します

5：電子名刺情報を完成入力

所有者の情報です
最初は登録せずで
その場合、左上の ← を タップ

6：私の名刺入れ画面が表示されます

この画面で通常使用するのは下段の「カメラ」「名刺入れ」
名刺（枚数）の行の「グループ」（分類に利用）と「管理」並び順など
そして、名刺の行をタップすると、名刺情報が開きます

7：開いた名刺情報

縦型画面を分割表示
電話・住所アイコン
タップで候補情報を表示
メモ・編集アイコン
タップで閲覧作成、
名刺情報編集 各々の情報行も
それぞれの情報に合わせた
操作が可能

❯❯スマートフォン(Android)の名刺登録の手順

1:CamCardアプリを起動

2:画面下部のカメラのマークをタップすると撮影モードです

3：横向きの名刺はカメラを横に、縦向きの名刺はカメラを縦にして撮影します（焦点を合わせる様に）
最初は白地に黒のオーソドックスなものを選びましょう

4:シャッターを切ると瞬時に名刺サイズに合わせたトリミングと文字認識を自動で行います。

5:つぎに「氏名」「会社名」「連絡先」「企業のウェブサイト」など、名刺画像から読み取られた各種データが項目別に登録されます

4:必要に応じて自分で修正して、右上の「保存」をタップ。登録作業完了です

⟫スマートフォン(Android)の同期操作

通常は自動同期を待つところですが、手動同期も覚えましょう。

ファイル同期は、2つ以上の場所にある同じファイルが同じ内容になるように
する処理である。ある場所にあるファイルに何らかの変更を加えたとき、
同期処理によって別の場所にある同じファイルにも同じ変更がなされる。

ウィキペディア

必要に応じて自分名刺入れの
画面の、検索行とメイン画面
の境界←付近から、縦方向に
指でなぞることで、手動同期
ができますで修正して登録作
業完了です

❯❯パソコンでのカムカードへのログインと編集作業

1：Googleの検索まどから「カムカード　ログイン」

次の「名刺管理｜名刺認識アプリCAMCARD」を選択

✅ www.camcard.jp ▾

名刺管理｜名刺認識アプリCAMCARD
1億人以上のビジネスパーソンに愛用される**CAMCARD**。世界で最も利用されている名刺管理ソ
リューションのサービスサイトです。
このページに複数回アクセスしています。前回のアクセス: 20/12/16

2：「個人用」を左クリック

3：右上の方の「ログイン」を左クリック

4：メールアドレスとパスワードを入力して「ログイン」を左クリック

直後に、「クリックして検証」や画像をはめ込ませる認証確認を求めてくる場合があります

ログインに成功すると（右図）ブックマーク
を登録しましょう

セキュリティ確保のため、一定時間後
に自動でログアウトします

上段の左側に「並び順」、「タググループ」。中に名刺入れとあって、1件1行で名刺データが整列している。

「すべての名刺」の行、後ろの方に検索窓、さらに下に降りると、「重複名刺を統合」「名刺を追加」と直感的に操作方法が想像できる画面になっている。

検索窓の中の説明文に注目：「名前、会社名、役職、メール、携帯電話などから」と書かれており、登録情報のすべての文字列で検索が可能です。

「ヘルプ」、英語表示になっていれば「ヘルプ」から「言語」を選択、日本語にきりかえられます。

「ツールボックス」は、パソコン版で期待する「Excelにエクスポート」の機能が配置されている。

5：対象の名刺を選んで、右上の「編集」を左クリック

編集したい項目に対して、修正 追加

6：右上の「保存」を左クリックして、編集完了です

❯❯人脈管理システムの初日

　名刺管理アプリを利用される方は、一緒にインストール。会社用infoアドレスでアカウント登録します。

　同じアカウントに３人までは、同時ログインできます。入力してみましょう。

　次に、名刺管理アプリの使い勝手を、理解するためのシナリオテストをします。たとえば、出先で時間ができたので、もう一軒寄ろう。

　①名刺管理アプリで一件選び、住所アイコンをタップして地図表示
　②現在地からの経路と移動時間を確認する。
　③続いて、その電話番号を選んで、掛ける。
　④続いて、そのメールアドレスを選んで、資料をメール送信。

　次に、Web版を理解するため、同様のシナリオテストをします。Web版は、全従業員で取り組みましょう。スマートフォンでも、パソコンのログインと同じ操作で開けます。ＰＣ版サイトにきりかえて、画面を少し小さくすれば、より操作しやすい。自由度のある検索ができるので、名刺を選び出すのは、楽にできます。アプリ連携は、メールアプリ・地図アプリ連携と登録ウェブサイトに移れます。

　その他、電話番号を反転させて、電話アプリを選択できる。万一アプリの選択ができなくても、電話番号をコピーして、手動で開いた電話アプリに貼り付け、電話を掛けられます。操作に慣れてしまえば、これまでと比較できないほど、効率化されます。

　従業員数が４人以上の場合、無料のままで利用するには、スマートフォンで２人、残りのメンバーはスマートフォンでWeb版を開いて利用しましょう。

❱❱個人版を会社で利用することについて

　個人版という名前がついていますので、アプリ提供元INTSIGに問い合わせしましたが、返答がありません。とがめないものと判断をしています。

　アプリは、機能の持ちかたで、グレードわけがされます。各グレードには理解しやすい名称をつけますが、その名称通りに利用する必要はなく、その機能を見て、自由な使い方をしてよい。これは、ＩＴ部門マネジャー当時、ＩＢＭに確認した時の明快な返答です。

以上

次に利用したい使い方

❱❱みんなで情報充実：最初の変更ルール

　全社の名刺登録が完了した後、取り組んでいただきたいのは、全員参加の情報充実です。

　ご自分で入力していない人には、「他人のもの」感が生まれます。「他人のもの」感を消すため、自分たちのデータベースと思っていただく取り組みです。

　スローガン「ともに利用する取引先情報の充実のため、空き時間を利用して、修正・追加を図ろう」

　◎最初の変更ルール：各人の判断で変更してよい範囲を定めるもの、既存の項目の範囲で修正・変更・追加など

　①既存の項目の範囲で修正：誤りを是正すること

　②　　　〃　　　　変更：変わったから直す

　③　　　〃　　　　追加：名刺にあってよい内容

　①既存の項目の範囲で修正　誤りを是正することとは

- ・間違った場所に登録されている
- ・電話番号の属性の誤り
- ・ふりがなの誤り
- ・誤字・脱字・不要文字
- ・半角・全角の混乱　など
② 既存の項目の範囲で変更　変わったから直すこととは
  - ・事務所の電話番号が変更された
  - ・住所移転された
  - ・商号変更：社名の読み方が変わった
  - ・部門が変わった
  - ・役職が変わった
  - ・名字が変わった
  - ・屋号が変わった　など
③ 既存の項目の範囲で追加　名刺にあってよい情報がわかったから加える
  - ・携帯電話番号がわかった
  - ・ウェブサイトがわかった
  - ・メールアドレスがわかった
  - ・出先が新たにできた
  - ・資格を取得された、保有資格がわかった　など

❷ 人脈管理システムの本格化

人脈管理の対象：①各従業員の管理している名刺（完全登録済）
　　　　　　　　②事務所のアドレス帳・電話帳
　　　　　　　　③年賀や暑中見舞い名簿
　　　　　　　　④（スマートフォンのアドレス帳）
　　　　　　　　⑤その他適宜
さて、一つひとつ見ていきましょう。

②事務所のアドレス帳・電話帳

　業務・業務外で接触のあるところ、名刺をいただいていないお付き合い先、教えを仰ぎに行く先や食堂、消耗品購入する先、病院・理髪店・菓子店。これらを登録する時には、利用時に確認している休日や営業時間、メニューなど、最新情報が掲載されているサイトのアドレスを合わせて登録する。

　③年賀や暑中見舞い名簿

　　はがき・郵便物あるいはファクシミリなどで、定期的に連絡する
　先の名簿

　④（スマートフォンのアドレス帳）

　⑤その他適宜

　　手帳に挟み込んで、毎年利用し続けているアドレス帳の取引先など

　人脈管理システムの狙いは、次の様なものです。

①各従業員の管理している名刺：営業先管理の強化

　　頻繁に利用している取引先、名刺ホルダーを検索するよりも、はるかに迅速化できます。得意先、お届け先、休眠先、見込み客、その他に分類して、営業のしかたについて見直すきっかけにする。

②事務所のアドレス帳・電話帳

　　営業先以外では、利用頻度が多く、利用時に確認している情報を含めた管理により、出先の行き帰りなどスキマ時間に用事を片付けられ、フットワークを高められる。

③年賀や暑中見舞い名簿

　　この名簿にしかない情報を人脈管理システムの情報に加える。可能なら、営業先としての重要度を見直して、実のある働きかけにきりかえる。

④（スマートフォンのアドレス帳）

　　スマートフォンのアドレス帳は、スマートフォンのハードディス

クに格納されており、機種変時に移行が必要、故障時に失う可能
性もあり、安全に管理する必要がある。

⑤その他適宜

　紙での保管は紛失の恐れがあるので、適宜移行が望ましい。

≫知っておきたい使い方

　新規登録のさまざまな方法：手動入力の他に、「メール署名を認識」
など。他に、Excelファイルから連絡先をインポート（アプリに取り
込むこと）が有力です。

　連絡先をエクスポート（アプリから取り出すこと）：全件出力の機
能で、万が一のデータ保管に利用します。

　新しい名刺が手に入った時：スマートフォンで新規登録して、パソ
コンで重複名刺を手動で合体させる、最新化します。

　メモの登録：ご趣味や会話内容、相手の記事などを登録しましょう。

　プロフィール画像：相手のお顔を登録しておくと、何かと助けにな
ります。

　連絡先を選択してエクスポート：年賀状や暑中見舞いの名簿の再作
成、メールの一括送信に利用できます。

以上

第七章

ペーパーレス化ではなく
効率化目的の
無料で簡単電子化

だから会社にこれが必要

❯電子化とは何か？

書類電子化とは？そのメリットや方法をご紹介

https://www.wanbishi.co.jp/blog/digitizing-paper-document.htmlには、

> 書類電子化は、以前より企業で取り組まれていたことですが、ここ数年のスマートフォンやタブレットの普及にともなう企業のモバイル活用で大きく加速しています。　モバイルデバイスが、ビジネスシーンに普及する以前は、書類電子化はオフィス内でのみ行われているもので、現場では紙媒体の資料を用いることがほとんどでした。モバイル端末の普及により、私たちを取り巻く仕事環境は一変し、現在では現場での書類電子化が急速に進んでいます。従来、メンテナンスサービスを提供する企業では、帰社してから業務報告書を作成することが一般的でした。対して業務報告書を電子化することで、手持ちのモバイル端末から報告書を作成し、効率的に業務を遂行することができるようになりました。もちろん、書類電子化が進んでいるのは現場だけでなくオフィスも同様です。スキャナーやプリンター等の技術進歩により、電子化が容易になり、多くの企業が取り組むようになりました。

業務自体を電子化する理想の形、これまでの紙帳票の仕事から、電子媒体での仕事に変化してきている。後半では、スキャナーやプリンターを利用した紙媒体の電子化が容易になった。と述べています。

理想はさておき、紙媒体中心の現状から、どのように進めるのがよいのでしょうか。スキャナーやプリンターを利用して、紙媒体のものをせっせと電子化するのが、ペーパーレス化の様ですが、手間がかかるだけの様な気がします。

❯簡単電子化のご提案

目的の資料だけをごく簡単な方法で電子化します。

ペーパーレス化ではなく効率化のためです。電子化にはメリットがあることを体験していただくことです。電子化できれば、６章までの

共有する仕組みが活用できて、メリットが生まれます。

たとえば、カレンダーの予定に必要な書類を添付したり、LINEで相手に送信できるようになります。しかしそれも、やってみないと実感しにくい。

事務所にあるプリンターが家庭用ですと、読み取り速度が遅い。業務用プリンターなら読み取りは早いのですが、プリンターのそばに行って操作、読み取った書類がどこにどう入るかを知って、初めて使えます。

手持ちのスマートフォンが使えるなら、それに越したことはありません。

利用するスキャナーアプリは無料、読み取りと電子化の時間は数秒で、圧倒的なスピードで手間が掛かりません。細かいものは、少し丁寧に焦点を合わせた撮影に心がけます。スマートフォンのカメラの精度が高いので、困ることはありません。

保存する場所は、4章で学んだGoogleドライブ、ちょっとした手間で、社内で共有できます。

❯簡単電子化のもう一つの狙い

効率化目的の簡単電子化に、もう一つ大きな狙いがあります。4章のドキュメント共有は難しい、と考えています。成功するためのシナリオを示しておりますが、あてはまる内容物がそろうだろうか、あってもドキュメント共有に登録する手順が整理できるだろうか。

いろいろと素材を選んで、登録して見る、を繰り返せば、正解で簡単な方法が見つけられます。しかし、機会を逃して　熱意を冷ましてしまう恐れがあります。この章で学ぶ紙媒体の資料を簡単に電子化す

る方法をマスターして、ドキュメント共有を活性化する。

　ドキュメント共有のてこ入れ策としても、取り組んでいただきたい。

以上

導入のメリット

❯❯書類電子化のメリット

　書類電子化とは？そのメリットや方法をご紹介

https://www.wanbishi.co.jp/blog/digitizing-paper-document.htmlには、電子化が進んだ時の効果として

> 1. 紙資料が少なくなる事でのコスト削減
>   紙資料が少なくなるという事は、印刷コストの低減に直結します。
>   書類の電子化による省スペース化によるコスト削減も見込めるのです。
> 2. 業務スピードを改善しサービス品質が向上
>   紙資料の電子化により業務スピードは改善され、より質の高いサービスを提供することができるようになります。
> 3. コンプライアンスやリスクマネジメントの強化
>   法令遵守による信頼性の維持や訴訟対策などにより、コンプライアンス強化が意識されている現在、電子データを管理する重要性が増しています。
>   また、電子化されたデータのバックアップを取っておくことで、リスクマネジメントの観点でもメリットがあります。

　1. については、複写印刷の手間から開放されるのも、大きな効果。原稿を探して、複写機を操作。思わぬ複写機トラブルで手間取ることもあるし、インクや用紙切れもあります。

　2. については、すべてをデジタル化すれば、あっという間に届けられます。一部に紙資料が入りこむ状態とは、年配の方々には、昔固定電話が家庭に普及してきたころ、まだ設置されていなかったご家庭に連絡することの手間だったこと。今働き盛りの方々には、LINEのグループで通知したいのに、まだスマートフォ

ンを持っていない人がいるような状態です。

3. については、この方たちは、紙よりデジタル化された状態の方が安全と考えているのです。そして、今や銀行もそう考えています。

❷ 簡単電子化対象におけるメリット

① 日々更新される情報や定期不定期で改定される資料

更新都度配布では、紙を大量に使用します。ワープロソフトなどの状態で、更新するのがベストですが、紙資料のままで、共有のためだけの電子化でもじゅうぶんです。メリットは、紙代や印刷費だけではなく、配布の手間や差し替えの手間から解放されることです。

② 業務説明資料

ご自分や会社の業務内容について、チラシを作れば、それを見せることで一目瞭然ですが、カバンを探し取り出して渡すのは野暮ったい。スマートなのは、スマートフォンの画像でお見せすること。売込先の相手が、興味をお持ちになられたら、後日訪問時にチラシを渡すなり、電子メールで電子化資料をお渡しするのがベストです。

自作する電子カタログ。メリットは、資料準備の手間だけではなく、機会損失から解放されることです。相手の興味に合わせた資料をすべて事前に用意するのは難しい。それらをスマートフォンでお見せできたら、思わぬところで、会社の事業を説明できました。

③ 日々集まってくる、利用するかどうか不明な資料

たとえば見積書、提案書など、他社から手渡された資料類、紙資料のままではとても保管に困ります。電子化すれば、廃棄した後に必要になり再度提供を求める失礼もおきません。今やコンピュータの検索機能は優秀ですから、簡単に取り出せます。メリットは、スペースも

節約、保管に伴う時間や探し出す時間も節約されます。

④ .時刻表など、常時携帯したい資料

　日常的に利用するもの、時刻表など。毎年の手帳に挟み携帯していた資料。行方不明に、探し回り落ち着かず。電子化すれば、安心。メリットは、紛失や行方不明の恐れからの解放だけではない、これをはずみにスケジュール管理のデジタル化を促進できます。

⑤ . 最期に、これがなければ明日からの仕事に差し支える様な大事な資料

　紙媒体だけだと、紛失・盗難・被災による劣化などの危険な状態です。一番大事なセキュリティとは、明日も今日と同様に安全に業務が継続できること。紙資料のバックアップとして、電子化して置きましょう。これが、前出の効果３の後半：災害時のBCP対策（事業継続計画）も同時に実現できるためリスクマネジメントのメリットに当たります。一たび災害に見舞われた時、会社設備や人員への被害復旧だけでなく、仕事ができる状態に戻す資料整備の手間は、余りにも大変で廃業の危機となりかねません。銀行や取引先などは、その観点で見ています。私が提案する限られた資料でも、これらのメリットが、得られます。

　　　　　　　　　　　　　　　　　　　　　　　　　　　　　　以上

無料で使えるカムスキャナー

≫たくさんあるスキャナーアプリの中で

スキャンアプリのおすすめ人気ランキング10選 https://my-best.com/1964　のベスト5

22022年3月 Play Store での評価と評価者				
4.5	3.8	4.4	4.0	4.5
769,131 件	161,220 件	2,049,253 件	58,025 件	3,864,443 件

≫カムスキャナーの位置づけ

カムスキャナーは、スマートフォンで新聞切り抜きが得意なアプリ。Play Store での評価が、4.5の評価は5点満点なので90%。いかに優れているか。

一言でスキャナーアプリと呼んでも、機能はそれぞれ特徴があるので、順位はどの機能に着目するかで大きく変わります。ほぼ同点の office lens と Adobe scan、レビュー記事を見ると、基本機能はいずれも優れていました。

特徴は、それぞれMicrosoft OfficeやAdobe Acrobatとの連携にあり、評価を高めている様です。カムスキャナーには、そういったMicrosoftワールドやAdobeワールドといったバックグラウンドがなく、Microsoftの５倍、Adobeの２倍の利用者を獲得している。単独で、とても優れているスキャナーアプリとわかります。

　Play Storeでのアプリの説明によると

CamScanner スキャンアプリ"は"4億人が使用しており、このアプリケーションは
* 毎日50000人を超えるユーザーが新規登録
* 9000万人以上のユーザー、200以上の国・地域で使用されるフォトスキャンアプリ！
---- 特別なコア技術！ ---
* ドキュメントを高速スキャン、鮮明な画像やPDFに変換
* 自動で画像上の文字をOCR認識し、キーワード入力でドキュメントを検索（登録ユーザーのみ）
* OCR認識結果を編集、コピー及び共有、txtファイルにエクスポート（有料版ユーザーのみ）
* ドキュメントを共有、友達を招待してドキュメントを共有、評価

❱❱提供元の会社について

　アプリ提供元は違っていたため、問い合わせたが、INTSIGと回答。
INTSIG企業情報//www.camcard.jp/personal/company/を紹介する。

2006年に設立されたINTSIGInformationCorporation(イントシグ)は、スマートデバイスをベースとしたビジネスアプリとソリューションを提供しています。現在、当社には200名以上の社員が在籍しており、アメリカのシリコンバレー・中国の上海・日本の東京・韓国のソウルにある事業所と開発センターで働いています。当社ではCamCard、CamCardBusiness、CamScannerアプリをリリースし、現在までに全世界200の国と地域で2億人以上の個人ユーザー、100万社を超える法人ユーザーにご利用いただいています。
会社名:IntsigInformationCorporation
本社所在地:1154CadillacCourt,Milpitas,CA95035 U.S.A

私のこの会社に対する印象については、カムカードを参照ください。

カムスキャナーも、直近で大きく機能を追加しており、本書の執筆中、何度もこの機能は何だろうと確かめることになりました。

日進月歩で変貌を続けるアプリで、この先も楽しみです。

以上

取り組みのポイント 難易度

❷ 利用者も少ない、活用策を思いつかない

独自情報で、スキャナーアプリをよく使う人は7％、余り使わない人は85％と、みなさんの会社に一人利用者がいらっしゃるかどうか。

私が操作しているのを見て、教えてくれとせがむので、アプリのインストールまで付き合うことがたびたびありました。が、次にお会いした時に、使いこなしている方を見た試しがありません。このアプリを、皆がすごいと思うけれど、それがご自分のどんなことに活用したらよいか、つかめないのです。

❷ お試し電子化で効果があるか判断

簡単電子化の対象に当たるものを、まず書きだしましょう。

1. 日々更新される情報や定期不定期で改定される資料
2. 業務説明資料
3. 日々集まってくる、利用するかどうか不明な資料
4. 時刻表など、常時携帯したい資料
5. 最期に、これがなければ明日からの仕事に差し支える様な大事な資料

その中から、すぐに試せるものを電子化してみて、用がなくても出先などで開いて見る。実用的には、もっとも頻繁に見るものが最適で

すので、「3. 日々集まってくる、利用するかどうか不明な資料」は、最後にするものです。

　3の資料が、役に立つと認識できるのは、忘れたころの相手と接触した時など、必要になった場合がほとんど。めったに起きません。どれに取り組むのも、同じだけの時間が必要とすれば、今すぐ役立ちそうなものに向ける必要があります。

≫個人が効果を実感できるものを探し出す

　簡単電子化のアイデアは、個々人が効果を認識することが最大のポイントです。

　たとえば、ご趣味の情報や話題にしたい本やニュース、ご近所のお店、それなら話題提供です。話したいペットの写真やご家族の写真でも登録して見る、さっと出して、どうなるか、理解を深めるのに最適です。

　スキャナーアプリを理解するため、用はなくても、一日一度は何かをスキャンしましょう。毎日使えば、自分にとって、何をスキャンすれば役に立つのか、ひらめく時が来ます。それを全従業員で取り組んでスキャンした結果を、ドキュメント共有かご自分のマイドライブに登録して、定期的に発表会をする。社員同士で見せ合うことは、電子化操作したことも練習ですから、着実に進歩していることを確認し合うことです。

　おまけに、他の人のやったことに、「その手があったか」と参考になることもあるでしょう。競い合いの要素もあります。

　ことを始めたなるべく早い時期に、全力で理解しかかるのが、どんなことでも最大のポイント。そのために、少人数職場でこそできそうな、見せ合うことでせっさたくましていただくことが、もっとも有効な手段です。

以上

操作手順と進め方

全従業員集まっていただき、一緒にインストールしましょう。

❷スマートフォン(Android)のインストールと初期設定

1:「Playストア」のアイコンをタップ

インストール済なら1)2)3)は不要
また、iPhoneの場合はApp Storeから

2:Google Play ストアの検索窓にcamsと入力して検索

CamScannerスキャナーアプリを選択
「インストール」をタップ
途中「同意する」をタップ

3:開くが表示されましたら、インストールは完了です。

「開く」をタップすると、操作ガイド画面を何度かスワイプ(頁めくり)して、最後のこの画面で、右上マークをタップして、無料で利用します
(本書の利用方法では不要なので、ログイン登録は行ないません)
「いますぐ使う」が表示されたら、次のステップ

❯❯ スマートフォン(Android)でスキャンして、PDF化

1：「今すぐ使う」をタップ直後の画面です

２回目以降、アプリをタップして立ち上げた時は、いくつかのドキュメントやフォルダーと右下のカメラのアイコンが表示されます 被写体を選んで、カメラのアイコンをタップ

5：自動的に書類の四隅を感知

微調整して、下段の「次へ」をタップ 下段の左から、左回転、右回転 そして、すべては、写真と同じ背景も画像に取り込みます

6：画像の種類を選択します

オリジナル　低品質鮮明化　高品質鮮明化　グレーモード　Ｂ＆Ｗ（白黒）　Ｂ＆Ｗ２（白黒２）から、もっとも適したものを選び、☑をタップすると電子化書類が作成されます 左端から、戻る、文字追加などの操作が可能です ドキュメント名すべての文字が変更可能です

適当な書類をスキャンして、４隅を確定させると、初めて見た時は感動ものの台形補正。集まった人たちが歓声をあげます。ドキュメント共有への登録に掛かりましょう。パソコンで会社用infoアドレスのGoogleドライブのマイドライブを開いておきます。

❯❯ スマートフォン(Android)のドキュメント共有への登録の手順

1:CamScannerアプリを起動

2:画面下部のカメラのアイコンをタッフ
撮影モードになります

３：登録対象の被写体をスキャン撮影

4:四隅を確定させて、台形補正

５:画像の種類を選択して、✅をタップ
電子化しました

６：その画像を開いた状態で、右上にある共有マークをタップ

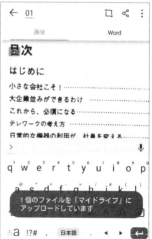

7:共有方法はたくさんありますが、選択画像のすぐ下の行はリンクによる共有ですので、下の「PDFをシェア」かさらに下の「JPGをシェア」を選ぶ

8:ドライブに保存をタップ

9: ドライブのフォルダーを「選択」して、「保存」をタップ

この時、正しいアカウントのドライブを選んでいることを確認 右の画面を経て、無事ドライブへの保存ができました

❯❯ドキュメント共有＝Googleドライブへの登録状況の 確認

　スキャンしたスマートフォンのGoogleドライブに保存できてい ることを確認します。確認できたら、パソコンの同じアカウントの Googleドライブで閲覧できることを確認します。スマートフォンで 入れたものが、パソコンでも見られるでしょう。ごく簡単な操作で、 Googleドライブに保存できることが確認できました。

　もし、スマートフォンでGoogleドライブのマイドライブに現れな かったら、よくある失敗、カムスキャナーから選んだGoogleドライ ブが別アカウントの場合です。

❯❯その他の操作、皆で確認

　せっかくなので、カムスキャナーで他のものもスキャンしてみましょ う。マウスなどの立体的なものも撮れ、平たいものしかだめなプリン ター複合機に優っています。

　その場合は、四隅の指定の時、「すべて」を選びます。（写真モード と呼びましょう）パソコンでも、適当なものをGoogleドライブにアッ プロードして、スマートフォンにどう反映するか。

　ここでも、やってみましょう。パソコンへの反映は、インターネッ トの接続状態次第ですが、10分かからないでしょう。削除の方も、やっ てみれば、一連のテストが終了です。カムスキャナーにより、ドキュ メント共有のてこ入れになるでしょう。

以上

次に利用したい使い方

≫知っておきたい使い方

　スマートフォンがGoogleドライブに画像を取り込むための情報端末になりました。外出時の状況報告に使えますし、台形補正の機能に着目すると、書類を持ち帰ることに使えます。

・聞いたこと、思いついたことをメモして、スキャンしておく、一時置きのメモ機能。
・街角で見つけた、雑誌で見つけた記事を、スキャンして、後で見直す。
・新聞記事のスクラップ。

　個人的な使い方もいろいろと思いつくところ。私は保険証・免許証・通帳を登録しています。

　仕事では、申請書類や日報などを記入して或いは受け取って、共有先をGoogleドライブではなく、電子メールで送信する。共有先はスマートフォンが可能性のあるものを表示してくれるので、発見もあります。変わったところでは、紙資料やWebページに載っていた人物プロフィールをカムスキャナーでスキャンして、台形補正後、例えばアルバムに保存した画像の共有先を「名刺認識」とすると、名刺以外のものでも登録できます。本書以外の実験的な使い方も、決してムダにはなりません。いろいろと試した経験がいつか役に立ちます。

　応用例１）

　各種アンケート、封書での返送に代えて、カムスキャナーで電子化して、メール送信。圧倒的に手間が省けます。返信用封筒に、切手がなければ切手代が掛かり、封入して、郵便ポストに投かんするまでの手間。カムスキャナーで電子化直後、共有でメールを選択、送信先メールアドレスを入力して送信と、その場で済んでしまいます。これまで

のファクシミリだった取引先とのやりとりに利用できると、双方とも楽になります。

応用例２）

ファクシミリで受け取った資料、出先で見たい。事務所のファクシミリの機能次第ですが、最近のファクシミリにはＬＡＮにつながるものもあるので、効果が得られることでしょう。

応用例３）

業務説明の紙資料を電子化して、Google ドライブに登録しておくことの延長上に、業務説明の動画資料を Google ドライブに登録しておくことがあります。出先で見てもらえるなら、効果が絶大だ。今やスマートフォンのカメラで動画撮影ができるので、すべての方法がそろっています。

カムスキャナー、簡単電子化の道具にだけ使うのは、もったいない。とても便利なアプリの一つです。用がなくても毎日使って、体の一部になる（回路がつながる）まで、使いこなしましょう。

それが、カムスキャナーをものにする唯一の手段です。

❯❯電子化のポイント

　帳票などの一部の項目を入力する仕事を電子化することは、問題なくできそうです。業務の電子化とは、仕事の中の丸で囲まれたカ所＝紙の部分を減らすことです。

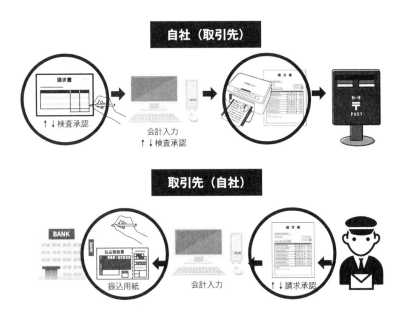

　こう考えると、現状の業務をどう進めて行けばよいか、考えられるでしょう。

以上

第八章

顔を見て話しができる
無料でテレビ会議

だから会社にこれが必要

❷テレビ会議システムの位置づけが変わった

　Web会議ツール、インターネット面談、オンライン打合せ、ビデオ電話といろいろな呼び方がされています。

　私が選んだ「テレビ会議」、テレビ会議システムが世の中に登場した時は、とても高価なシステムでした。当然ながら、大きな会社しか手が出ませんでした。それが、今やお手元の機器がインターネットにつながっていれば、簡単に利用できるITツールになりました。

　人によっては、ふだん使いするものになっています。2020年春からのコロナでオフラインイベントが全滅した後、オンライン展示会やオンラインセミナー・Web商談で、私の情報収集が超効率化されたことは、本書の冒頭でご説明しました。オンライン展示会やオンラインセミナー、Web商談は、テレビ会議ツールを利用して、初めて得られる機会です。

❷顔を見ての意思疎通は他に代えがたい

　本書の商業出版は、今出版社の出版企画書募集に応募して、すぐにご連絡頂きました。他社と異なる、余りにも早い反応です。驚いた私が根掘り葉掘り聞くものですから、出版社のご担当は気分を害されました。私の戸惑いがうつって、相手の疑念に変わったのです。

　別の出版社とのやりとりでも、コロナ渦中だったので、電子メールなどの文字のやりとりに終始して、相手の気持ち・思いがわからないまま破談になる経験をしました。コロナで県をまたぐ移動が禁止されてなければ、東京でもどこでも面談しに出向いていたところ、それができずにとても悔しい。今回こそ、お話を続くように、冷却期間の後、テレビ会議をしかけました。

本番の仕事で、初めての招待者役をしたのです。その結果、パソコンを介してとはいえ、顔合わせができて、率直なやりとりができました。相手の疑念にいくつかお答えすることができたので、契約につながったと考えています。

≫簡単に使え、特段の問題も無い

　相手が用意されたツールに対応するので、Zoomに限りませんが、一つできれば、参加側としてはどれもそれほどの違いはありません。まごまごしていると、相手からボタンの場所や形状を教えてくれるので、問題なく対応できます。

　練習したのは、インターネットで調べて、Zoomをインストールして一人二役、会話できるところまでした程度です。

　一時ニュースになっていた、セキュリティの問題ですが、そもそも公の場所で打合せする様なものですから、漏れては困ることまで喋らないものです。

　パソコンの画面を経由してのお話し、相手がその人の名を語る人物である可能性もなくはありません。秘密があるとすれば、その秘密のところだけは、別の方法で伝えることを考えるべきです。あのGoogleでさえ、郵便物で通知をするものがあります。よく考えて頂ければ、漏れても困ることはほとんどありません。

　パソコンや通信面で、特別な仕様のものを必要とするわけでもありません。親しい人たちとの会話も、込み入ったことは、顔を見てお話ししたいものです。Zoomの場合、多くの人が利用するように、他のツールと比べ、ハードルを思い切り下げてくれている。あなたからお声を掛けても、お断りになる方が少なくなっています。　本書では、ほんの入り口だけのご紹介ですので、難しくありません、

　それならあなたの会社にも必要なものです。

以上

導入のメリット

❯❯テレビ会議のメリット

https://www.otsuka-shokai.co.jp/products/tvm/about/possible/#:~:text＝テレビ会議を利用すれば、時間や場所、距離,効果が期待できます。

> **テレビ会議のメリット**
> テレビ会議は、離れた場所にいる相手、もしくは会議室と、あたかも一つの部屋で会話しているような雰囲気で、会議や打ち合わせができるシステムです。それが企業のどんなことに役立つのか、どんな使い方があるかを見てみましょう。
> ①経営者のメッセージをダイレクトに伝えたい
> ②社内教育を効率よく、徹底したい
> ③正確で迅速な意思決定を実現したい
> ④出張費を削減
> ⑤どこでも気軽に打ち合わせ
> ⑥災害・パニック時のためにも

心理学には、コミュニケーションが、言語7%、声38%、視覚情報55%という比率によって、成り立っているという説があります。(「7-38-55ルール」は、メラビアンの法則の別名)

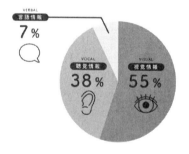

当然、文字だけでは限界がすぐに来る。声でも足りず、表情を見たくなる時があります。音声だけの電話でも、限界を感じることがあることは間違いなさそうだ。面談しての会話が最善ですが、事情のある場合の、テレビ会議は外せません。

⨠テレビ会議の導入目的

　Web会議システムの導入目的が多様化　課題解決事例から学ぶ活用方法

　https://www.liveon.ne.jp/cafe/guide/Introduction-of-diversifying-web-conference-Purpose.html

①：経費削減・業務効率化
②：働き方改革の推進
③：情報共有・意思決定のスピードアップ
④：研修の効率化・均質化
⑤：イベント・セミナー配信

　Web会議システムのところは、テレビ会議と読み替えましょう。みなさんの会社で、目的がすぐピックアップできる様でしたら、それで全く構いません、じゅうぶんです。指摘しておきたいのは、これ一つでも在宅ワークをより可能にすることです。

⨠小さな会社も世界が広がる

　ITへの取り組み、ほとんどの事業者さんが不じゅうぶん。

　私の思い込みかもしれませんが、へいぜいのお付き合いが限られた中で、多くの人と会話することも少ないし、情報収集されていないのだろうと感じています。

　IT業界では、オンライン展示会がすっかり普通になりました。工夫され、より効果的なものになっています。参加すれば、向こうからあなたを見つけてくれて、相手からのオンライン商談で、こちらは情報収集ができます。

　遠隔地の方とコミュニケーションを取るのも難しくありません。遠隔地であれば、同業の方の取り組みをお聞きになっても、差支え無いでしょう。中小企業家同友会の新聞では、様々な経営課題への取り組みの事例が載っています。その取り組み事業者に、テレビ会議を申し

込む。事例を生で聞くこともできます。

　異業種とのコラボも考えられます、前の方でお伝えしました。これ
まで遠くだからと、考えもしなかったことが、できるのです。世界を
広げられます。オンラインセミナーに参加して、有名人、こんな内容
をこんな話し方をされるのか。

❯ 導入のメリット、このふたつに集約

・情報収集においては、オフラインセミナーなどと比較にならない程、
　視野を広げられる。そのための費用や移動時間などの手間がほと
　んど掛からない。
・知人友人部下同僚とのコミュニケーションにおいても、電話やメー
　ル、チャットと比較すると、より密接なやりとりができる。その
　ための費用や移動時間などの手間がほとんど掛からない。

以上

無料で使えるZoomテレビ会議

❯❯おすすめはZoom一択

　テレビ会議のサービスも、Zoom以外のものもたくさんあります。私がオンライン展示会やオンラインセミナーで相手指定のツール、2020年5月以降記録して、16種類になりました。選ぼうとすると大変なので、Zoom一択で良いと思います。

　なぜ、Zoomがほかのウェブ会議サービスと違うのか？ https://ascii.jp/elem/000/004/025/4025387/

　MM総研の最新の調査によると、日本におけるコラボレーションツールの利用率では、グループウェアが最も多く73％を占めるが、その次に多いのが、ウェブ会議システムで63％を占めている。

　そして、注目したいのが、ウェブ会議システム利用者の約3分の1にあたる31％が、今年に入ってから利用を開始しているという点だ。

　MM総研の調査では、ウェブ会議システムで最も利用率が高いのが、Zoomであり、35％のシェアがあるという。また、ITreviewの調査によると、2019年2月時点では、Zoomの認知度は、SkypeやWebexに比べても低い位置にあったが、2020年4〜6月の最新調査では、Zoomの認知度が圧倒的に高くなり、満足度も2番目に高いポジションにランクされているという。さらに、日経コンピュータによる最新の顧客満足度調査では、Zoomがビデオ・音声会議システム/サービス部門において、初めて1位になったという。

【Zoomが選ばれる理由 10選】

なぜZoomを選ぶのか？ Skype Whereby LINEと比較

https://itxdancer.com/tech/why-zoom/

◎．**Zoomのココが優れている。**
　１．会議参加者のアカウント登録が不要！
　２．通信品質が安定している
　３．１００人まで無料で同時接続可能
　４．録画できる
　５．画面共有機能が優秀。
　６．参加のタイミングを、コントロールできる。
　７．参加者のオーディオをコントロールできる。
　８．ビデオ会議のIDを複数作ることが出来る。
　９．セキュリティーの対策がされている。
　10．知名度、普及率の高さ
一番の弱点は、無料で接続できる時間は、40分まで

　重要なものに、下線を引きました。それまでのものと設計思想が異なるので、多くの人が利用したのです。

❷その弱点もあって、ないようなもの

　弱点は、「無料で接続できる時間は、40分まで」、効率的な運営を心掛ければ、通常は大丈夫。無料で入門できるツールなのに、とても多機能。信じられないほどです。有料版も、月額2000円～と安価です。長時間の打ち合わせで、有料版利用者がいらっしゃらない場合は、40分単位を複数回でもよいのではないでしょうか。

　パソコンの必要能力など、複数のオンラインセミナーで紹介されていたものが、

■ デュアルコア以上のCPU／メモリ4GB以上を搭載したパソコンを推奨します。
■ 安定した環境での視聴のためには、有線LANの使用を推奨します。
■ スマートフォンまたはタブレットでのご視聴には、アプリ「ZOOM Cloud Meetings」が必要です。

　相手との会話中に不調になると困りますが、特別に高い能力のものは必要ないので、ご心配はいりません。ただしさまざまな機能を同時に使う場合は、高い能力が必要になることがあります。ご注意ください。

一時、ニュースに取り上げられていたセキュリティに関して、すでにZoomが熱心に取り組んでいます。

　【Zoomが選ばれる理由 10選】の見解では、かなりの対策がされているそうです。そうでなければ、2021年 オリコン顧客満足度®調査 Web会議ツールランキングにおいて、Zoomが2年連続で総合1位にはなれません。

❯❯提供元の会社などについて

> Zoomビデオコミュニケーションズ（ズームビデオコミュニケーションズ、英: Zoom Video Communications, Inc.）は、アメリカ合衆国カリフォルニア州サンノゼに本社をおく会社で、2011年に中国山東省出身のエリック・ヤン（中国名：袁征）が創業。通称はZoom（ズーム）。クラウドコンピューティングを使用したWeb会議サービスZoomを提供する。
> ビデオ会議、オンライン会議、チャット、モバイルコラボレーションを組み合わせた主にWeb上でのコミュニケーションソフトウェアを提供している。
> ウィキペディア

　Zoom社は、テレビ会議をここまで広めた功績が最大。

　AndroidアプリのZoomは、Play Storeの評価は3.9、評価者は3,700千人。Googleのテレビ会議ツール Google Meetは、評価は3.7、評価者は2,100千人。Googleより、Zoomが優っています。

右に以上

取り組みのポイント 難易度

❯❯皆で基礎知識の勉強を

　みなさんの会社で、利用経験のある方がいらっしゃるか、想像ができません。みなさんが初めてと仮定して、社員全員でZoomについて、

基礎知識を学びましょう。

　3分で理解する「Zoom」とは？今日からできる「始め方」「使い方」
まで解説

　https://liskul.com/online-meeting-tools-zoom-47650

　ほかの主要Web会議システムと比較して接続の安定性が高く、画質・音質
が良いです。同時接続人数も特に多いですし、普及度も高いので、現時点で
はZoomが最適解と言えるケースがほとんどです。特に100人以上の比較的
大規模な会議を頻繁に行うのであれば、Zoomの利用がおすすめです。
　また一時ニュースなどにもなっていた「セキュリティ面での懸念」はアップデー
トですべて改善されていて、安心して利用できます。
Zoomを利用するにあたって、注意しておくべきことは以下の2点です。
　・無料版だと一度に40分までしか利用できない
　・事前にアプリをインストールしておく必要がある
　Zoomはオンラインでの会議を実現するクラウド型のビデオチャットサー
ビスです。パソコンやスマートフォン、タブレットなどを通して複数人での
ビデオ通話を可能にするサービスで、テレワークなどで自宅にいながら社内
外のミーティングや商談などを実現できます。
　Web会議ができるシステムは数多くありますが、Zoomは国内トップシェ
アのWeb会議システムで、多くのユーザーが利用している点や、簡単な操作
性などが高く評価されています。
　近年はコロナによりテレワークの需要が高まっていることに加え、オンラ
イン上で会議をすることで、コストの削減や業務の効率化が可能になるといっ
た理由から、多くの企業で導入されているシステムです。
　Zoomの基本機能
ミーティングの開催、参加／録画・録音機能／画面共有／カレンダー機能／ミー
ティング内でのチャット機能／ホワイトボード機能／遠隔操作機能

　これだけに絞って、理解しましょう。基本機能は、ここにあるもの
すべてを利用する必要はありません。

❯❯簡単なところで、お試しを

　テレビ会議ツールは、機能も利用の姿もイメージできるものなので、
使えば、容易に慣れます。「テレビ電話だけ使ってみようと思う」と
宣言して、従業員同士で会話してみる。

招待者役をマスターする必要はあるので、交代でやりましょう。少人数職場の強みを活かして、せっさたくする。反復練習以上の上達方法はありませんので、皆が一定レベルになるまで繰り返すこと。その後も、１週間に一度程度は、忘れないために継続すること。

❯❯繰り返しましょう

　練習だけですと、嫌う従業員もいらっしゃるかもしれませんので、仕事に組み込む工夫が望ましいです。出先からの業務報告に利用したら、従業員の表情で、心配事に気づいた。そんな経験をすると、にわかに意欲がわきます。

　利用機会を見つけられない方に、おすすめなのが、ＩＴメディアのビジネスコラムに載っていた方法「ランチをテレビ会議ツールをつなぎっぱなしにして、雑談をしながら食べること」

　週に一日、テレビ会議ランチの日を定めて、従業員の組み合わせを変えて、行います。人のいろいろなやり方を参考にしながら、アドバイスしたり受けたり、早く上達できるでしょう。通信料が気になれば、Wi-Fi接続できるお店は、マクドナルドやすかいらーく、ファミリーマートなどと結構あります。Wi-Fi接続の方法がわからなければ、お店の人に聞いて、マスターしましょう。

　Zoomのテレビ会議に慣れたら、これまでの1対１から、３人以上に広げてみる。それ以上のテクニック、必要になった時で構いません。

　使い勝手が広がるのは、ミーティング時のチャット機能。チャットボタンからはいれます。あらかじめ、伝えたいことを準備しておいて、貼り付ければ、あわてることもありません。もう一つは、画面共有、機器の中にある資料を画面を通じて、相手方に見せること。画面共有も、機器のカメラで映して見せることで伝わるなら、それでよいではないですか。細かい内容のものなら、事前にメールなりで資料を送付

しておく。

❯❯繰り返すのは、用途を考えるため

　基本機能を覚えた段階で、使いみちを見つけることが大事です。どこの誰とやりとりすると、どんなメリットが得られるか？従業員が考えてくれると、思わぬアイデアが出るかもしれません。

　また実戦で鍛えて行くと、自分たちの使い方にあった、ほしいテクニックが見つかります。決めつけずに、いろいろなことに使ってみて、うまく行きそうなものを極める。

　その目的に、活用できるテクニックを覚える。そのテクニックが、難しいものなら、諦めても構わない。それが、自然な進め方だと、思います。

　事前の「目的の明確化」を上げる方がいらっしゃいますが、感覚的に理解できていないものの利用した結果を想像することが難しい。慣れること利用することが優先です。

以上

操作手順と進め方

❯❯ Windowsアプリのダウンロードと初期設定
パソコンの場合

1：公式のダウンロードセンターからファイルをダウンロード

https://zoom.us/download#client_4meeting
ミーティング用Zoomクライアントの「ダウンロード」を左クリック

2：ダウンロードしたインストーラーを開き、Zoomアプリをインストールする

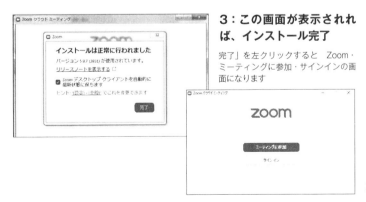

3：この画面が表示されれば、インストール完了

完了」を左クリックすると　Zoom・ミーティングに参加・サインインの画面になります

（Zoomアカウントの取得）

4：完了クリック後の画面から「サインイン」を左クリック

この画面から右下の「サインアップ」を左クリック
サインアップのWebページが開きます

5：その画面で生年月日を入力し、「続ける」を左クリック

6：会社用infoアドレスか従業員のメールアドレスを入力し、「サインアップ」を左クリック

7：入力したメールへのメール送信済みという通知メッセージが表示されます。

メールが届いたかどっか確認してください
※メールが届いていない場合、迷惑メールに入ってしまう場合もありますので、迷惑メールのフォルダーもご確認ください メールがない場合、「メールを再送信」を左クリック

8：届いたメールを開いて、「アクティブなアカウント」を左クリック

9：次の画面で名前、パスワードを入力し、「続ける」を左クリック

アカウントの作成ができました。パスワードは必ず控えておきましょう。

❯❯ スマートフォン(Android)の場合

　スマートフォンへのインストール、初期設定は、全従業員一緒に取り組みましょう。

1 :「Play ストア」のアイコンをタップ

インストール済なら1)2)3)は不要
また、iPhoneの場合はApp Storeから

2 : Google Play ストアの検索窓にZoomと入力して検索してください

ZOOM Cloud Meetingsアプリ - を選択
「インストール」をタップ
途中「同意する」をタップします

3 : 開くが表示されましたら、インストールは完了

続いて、「開く」をタップ

4 : Zoomを起動したら「サインアップ」をタップ

登録済なら以下は不要

5：その画面で生年月日を入力し、「続ける」をタップ

キャンセル

**検証のために、
誕生日を確認してください**

月/日/年

このデータは保存されません

6：従業員のGmailアドレスを入力し、「サインアップ」をタップ

‹ 　　サインアップ

メール

名

姓

サインアップすることにより、私はプライバシー保護
方針とサービス利用規約に同意したことになります

サインアップ

閉じる

アクティベーション メールが...

メールをチェックしてアカウントをアクティブ
化にしてください

別のメールを再送信

7：入力したメールへのメール送信済みという通知メッセージが表示されます

メールが届いたかどうか確認してください ※メールが届いていない場合、迷惑メールに入ってしまう場合もありますので、迷惑メールのフォルダーもご確認ください メールがない場合、「メールを再送信」をタップ

**のお客様、Zoomへ
ようこそ！**

アカウントをアクティベートするには、以下の
ボタンをクリックして、メールアドレスを確認
してください。一度アクティベートされると、
Zoomミーティングとチャットへのフルアクセス
ができるようになります。

アカウントをアクティベート

返信・転送　　フラグ　　削除　　その他

8：届いたメールを開いて、「アカウントをアクティベイト」をタップ

9：登録名（姓名）とパスワードの設定を行ないます

パスワードは8字以上　1つ以上の文字と1つ以上の数字、アルファベットは大文字と小文字の両方を含む

10：招待はスキップします

他の方へ招待する画面です
「手順をスキップする」をタップします

11：アプリへ移動する

この画面になりましたら、ホーム画面へ戻っていただき、インストールしたZoomアプリを開いてください

12：アプリへサインイン

登録したZoomアカウントのメールアドレスとパスワードを入力し、アプリへサインインをタップ

❯❯Zoom会議の予約　パソコンの場合

会議の設定法、一つを選ぶとしたら、この方法を推薦します。

**1：デスクトップのZoomのア
イコンをダブルクリック。**

Zoomを立ち上げます
「サインイン」を左クリック

**2；メールアドレスとパスワー
ドを入力して、[サインイン]を
左クリック**

3：[スケジュール]を左クリック

ハードルを下げた方法例：待機室の
チェックを外し、ビデオの所、ホストも
参加者もオンにします、カレンダーは他
のカレンダーを選びます

**4：ミーティング設定を行います。
これらのオプションの一部は、アカ
ウント設定、またはグループ設定に
より使用できない場合があります**

上図、もっともハードルを下げた実施方法（詳
しくは次頁の説明をご覧ください）

●**トピック**：ミーティングのトピックまたは名前を入力します。

●**日時**：・開始：ミーティングの日付と時刻を選択します。ミーティングはスケジュールされている時刻より早くても、いつでも開始できます。手動で好きな時刻を入力することもできます。たとえば分数のフィールドに「15」と入力すると、時刻を 15 分刻みでスケジュールできます。

・タイムゾーン：Zoom ではデフォルトでコンピュータのタイムゾーンが使用されます。別のタイムゾーンを選択するには、ドロップダウン メニューをクリックしてください。

・定期的なミーティング：定期的なミーティングを設定するかどうかを選択します。その場合、ミーティング ID はどのセッションでも共通となります。

●**ミーティング ID**：・自動生成：ランダムな一意のミーティング ID を生成します。

・パーソナル ミーティング ID*：パーソナル ミーティング ID を使用します。

●**セキュリティ**：・パスコード：ミーティング パスコードを入力します。参加者がスケジュール ミーティングに参加するには、このパスワードを入力する必要があります。

注：ミーティングのパスコードは、管理者が設定した複雑さの要件を満たしている必要があります。

・待機室：ミーティングの待機室を有効にします。

・認証されたユーザーのみ参加可能：サインインしたユーザーのみ参加できるように、ミーティングへのアクセスを制限します。

注：[指定したドメインで Zoom にサインイン] を選択した場合、ドメイン ブロック リストに含まれるドメインを追加することはできません。

●**暗号化**：ミーティングについて、標準の [拡張暗号化]（クラウドに保存された暗号化キー）と [エンドツーエンド暗号化]（ローカル デバイスに保存された暗号化キー）のどちらかを選択します。

●**ビデオ**：・ホスト：ミーティングに参加するときにホストのビデオをオンにするかオフにするかを選択します。オフを選択していても、ホストにはビデオを開始するオプションがあります。

・参加者：ミーティングに参加するときに参加者のビデオをオンとオフのどちらにするかを選択します。オフを選択していても、参加者にはビデオを開始するオプションがあります。

●**オーディオ***：電話のみ、コンピュータ オーディオのみ、両方、サードパーティ オーディオ（アカウントで有効になっている場合）を使用して、ユーザーが電話をかけられるようにします。

・ダイヤルイン元：このミーティングで [電話] または [両方] が有効になっている場合は、[編集] をクリックして、招待状に含めるダイヤルイン国を選択します。デフォルトではグローバルなダイヤルイン国がミーティング設定のリストに組み込まれます。

●**カレンダー**：ミーティングを追加するカレンダー サービスを選択し、参加者に招待状を発送します。

・Outlook：Outlook デスクトップ アプリを開き、ミーティング イベントを作成します。

注：Windows クライアントを使用しているとき、Outlook が表示されます。

・iCal：iCal を開き、ミーティング イベントを作成します。

注：macOS を使用しているとき、iCal が表示されます。

・Google カレンダー：デフォルトのブラウザで Google カレンダーを開き、ミーティング イベントを作成します。

・その他のカレンダー：新規ウィンドウを開きます。開いたウィンドウではミーティングのテキストをユーザーの優先するコミュニケーション方法にコピー＆ペーストできます。大半のメール アプリケーションで開くことができる ICS ファイルもダウンロードできます。

5：左図：その他のカレンダーなので、招待状の内容が表示されます

「クリップボードにコピー」を左クリック

6：招待したい相手宛のメールを作成して、（右クリックから貼り付けを選ぶ）貼り付けると、招待状の内容が挿入されるので、メール送信

※招待された方は、棒線部分のwebページを開いて、必要に応じて、名前やメールアドレス、パスワードなどを入力

❯❯スマートフォン(Android)の場合

全従業員一緒に取り組みましょう。

1：Zoomアプリをタップ

2：アプリが起動したら、「サインイン」（右側）をタップ

3：メールアドレスとパスワードを入力して、[サインイン]をタップ。

4：[スケジュール]をタップ

5：ミーティング設定を行います これらのオプションの一部は、アカウント設定、またはグループ設定により使用できない場合があります

下図、もっともハードルを下げた実施方法（待機室を有効化をオフ、ホストのビデオをオンに、参加者の動画をオンにします）トピックから詳細オプションについては、パソコンの記述を参照ください

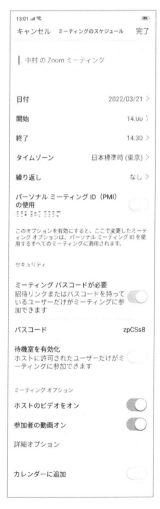

6：左図の右上の「完了」をタップすると、招待状のメールが自動作成されます

宛先を相方の従業員さんにして送信しましょう

❷Zoom会議に参加

スマートフォン（Android）の場合

1：パソコン・スマートフォンの6)のメールを受け取りました

Zoomミーティングに参加するのURLをタップ
「必要に応じて名前・メールアドレス・パスワードを入力」

さんがあなたを予約されたZoomミーティングに招待しています。

トピック： のZoomミーティング
時間：2021年1月7日 09:19 AM 大阪、札幌、東京

Zoomミーティングに参加する
https://us05web.zoom.us/j/89679639878?pwd=
UGZXNmVQZ3JkSTRDRlHVWamlWU2UyUT09

ミーティングID: 896 7963 9878
パスコード: 2t73FP

2：自動的にZoomが立ち上がり、この画面です

3：ホストがミーティングを始めました この画面です

「インターネット経由で呼び出す」をタップ テレビ会議開始です

❯❯予定したミーティングの開始

下パソコンの場合 開始を左クリック

新規ミーティング ～ 　　参加

スケジュール　　　画面の共有

Zoom meeting invitat... ··· 開始

13:00 - 13:30

ミーティング ID: 776 1325 1177

左スマートフォン(Android)の
場合 開始をタップ

その後、相手方の入室を許可します

なるべく丁寧に説明しましたが、何もかも説明すると難しく、まず
こちらで紹介した方法でお試しください。

㊟時間制限：40分で足らない時の対処例

・無料プランでホスト招待する側には終了10分前に通知がされます。

・その後、40分が経過した時点で、自動的に会議が終了します。

・Zoomアプリの画面でパソコンの場合は上端中ほどの「ミーティ
　ング」を左クリックすると、予定されているミーティングの一覧
　が表示され、終了したミーティングをクリックすると、再開でき
　ます。（スマートフォンのアプリでは、下端少し左に「ミーティング」
　はあります）

・この結果、参加者招待される側は、同じURLをタップすれば良い。
　もう40分の打ち合わせが可能です。

・参加者の画面には、残り時間が表示され、40分が経過した時点
　で「無料のミーティングが終了しました」と表示されることは覚
　えておきましょう。

以上

第九章

その他、
今知っておくべきこと

本もののインターネット検索とは

❯❯インターネット検索できているでしょうか

　どんなものでも、インターネットで検索できないものは、ありません。何もかも検索するのも不可能に近く、みなさんの検索範囲は限られています。

　しかし、検索範囲を広げれば、知らなかったことに出会える。

　あるテーマのレポートが必要になったら、まず知っていることを書きだします。それに対する意見など、見解を書き加えます。

　手が止まった時、昔は図書館に行って、司書さんに聞いて、書籍を当たる。それがいまやインターネットで検索すると、そのテーマに参考になるもの、反論したくなる意味で使えるものなどあらゆるものが出てきます。

　知っている言葉を検索すると、スマートフォンの画面の中に表示されたことと、私の頭に沸いてきた別のことを組み合わせて、考えていました。知っていることを検索することも、価値がある。

　さらに、その言葉の別の意味を発見できるかもしれません。インターネットにもうそがある、その真偽を判断するのもリテラシーなのです。青少年へのアンケートで、男性と女性、この真偽を判断するリテラシーに優れているのは女性。それはスマートフォンをもつ時期が女性の場合が約2年早かったことの結果と考えられました。当たり前ですが、早く慣れてしまった方が、怪しいものを察知する能力が身につきます。

　教えて教えられるものでもありません。伝えられるのは、「もっと検索しましょう」とだけ。YouTubeも、実用的にもとても使える。

　2019年のことでした、私の講座の参加者たち、YouTubeのご経験がなかった。私にとっては、想像を絶する世界でした。最近周りの方とやりとりして感じるのは、みなさん驚くほど検索していない。驚

くほど検索していないと思うのは、その方の課題解決方法、検索すれば、出てくるからです。

❷インターネット検索について

私の「インターネット検索：コンピュータ草創期のシステム屋の私の思い出」の目次

■想像上のインターネットが、今花開いている。
■あらゆる情報があること
■想像を遥かに超えた情報の充実
■「その場で検索」の勧め
■さあ取り掛かろう

本もののインターネット検索を身に付けてほしいのです。

本書でIT化を進めた際に、課題となりそうなこと。

「Gmail　迷惑メールへの対処」

「Google　表計算ソフトの使い方」

「Googleカレンダー　閲覧者の追加方法」

「カムカード　連絡先を取り込む」

「カムスキャナー　画像の文字を取り出す」

「Zoom　自分の背景を変える」

こんなキーワードで検索すれば、答えに近づきます。

ハーバード大学卒業の世界的バイオリニスト廣津留すみれさんも、わからないことがあったら、すぐ検索する。その上、「検索ででてくることは覚えなくてよいですよね」。この合理精神が、廣津留すみれさんの著書『ハーバード・ジュリアードを 首席卒業した私の「超・独学術」』の一つなのでしょう。

以上

本書の操作手順は、最終校正時に最新化しましたが、画像の差替えは半数以上になりました。最大16か月の間に、それだけの変更がされたことになります。みなさんがチャレンジする時には、操作手順が変更されている可能性があります。変更に対応できる勘が効く状態になっているのが望ましいですが、そうでなければ、「検索」で最新の操作手順を探し出して下さい。見つからないことは、ほぼございません。

ITリテラシーを難しくすることはない

❯❯世間では、ＩＴリテラシーをどう整理する

ITリテラシーとは？3つの意味とリテラシー向上のポイントを解説！

https://ufb.benesse.co.jp/ebooks/it-literacy.html

ITリテラシーとは、簡単に言えば通信・ネットワーク・セキュリティなど、ITにひも付く要素を理解する能力、操作する能力という意味です。

　広義では、多くの情報の中から正しい情報をチョイスする「情報リテラシー」と置き換えることができます。

　近年では、あらゆる企業においてWebを活用したマーケティングがビジネスを成長させる必須の取り組みになりました。

　最低限、Webや「Web上のマーケティング」といった概念への理解が求められます。こうした要素は、ITリテラシーの範疇です。

　また、単純なパソコンの操作・アプリケーションの操作もITリテラシーと言えます。極めて基本的な例を挙げれば、マウスやキーボードの操作方法もITリテラシーです。

【ITリテラシーとは】2020年必須の具体的なスキルと高める方法を徹底解説

https://www.webhack.jp/archives/5554

ITリテラシーとは一言で言えば、各種IT関連サービスや機器、テクノロジーについて理解し、使いこなす能力のことです。
たとえば、ネット・SNSでの情報発信と収集能力
プログラミングやセキュリティーなどを含めたコンピュータースキル
最先端テクノロジーへの理解
最新サービス・アプリなどITトレンドの知識と活用
などが具体的なITリテラシーと言えます。

　それぞれ、もっともではありますが、手が出せません。大学生が学ぶべきITリテラシーは、さらに難しい。よく見ると、前者ではマーケティング、後者ではＳＮＳ以降などと、特定分野のものです。立場立場で、どう整理するか、変えて構わないことが、わかりました。

❯❯小さな会社の経営者のITリテラシーとは

> **リテラシーとは - コトバンク**
> デジタル大辞泉 - リテラシーの用語解説 - 1 読み書き能力。また、与えられた材料から必要な情報を引き出し、活用する能力。応用力。

　私は、リテラシーの意味「読み書きそろばん」にちなんで、IT活用の「読み書きそろばん」と考えます。

　そして私のITリテラシー教育では、インターネット検索は、最初の科目です。検索術を身に付ければ、おおよそのことを知ることができる、多くのことはそのレベルで済むでしょう。

　ITを利用した営業活動は必要ですが、ITを使ったマーケティングは、場合によります。ネット・SNSでの情報発信と収集方法も、そして、プログラミングなどは多くの人にとって必要がありません。ITを学ぼうとする人に、読み書きそろばんのように、具体的にできるもので、あるべきです。

　私のITリテラシー教育のふたつ目の科目は、情報の蓄積と活用。コンピュータの最初の機能は、記憶だからです。「情報の蓄積と活用」を会得した人は、脳の余力を生み出せます、考えることにより集中できます。

　本書で取り上げた、「ドキュメント共有」「スケジュール共有」「人脈管理システム」は、組織で取り組む 情報の蓄積と活用です。

　そして、ITを利用したコミュニケーションができること、「電子メール」「ビジネスチャット」「テレビ会議」を使いこなすこと。これらが、みなさんと従業員が取り組むべきＩＴリテラシーと考えます。

❯❯私の「IT教育について」（構想時のメモ）

・そもそもITとは、
　情報をまとめ、伝え、記憶する技術全般を云う「超とことん解説ITってなに？！」よりスマートフォンがあれば、それが学べる。常時そばにあり、操作する機会が多いので、より効率的に学ぶことができる。単なる工夫でなく、考え方を身に付けるに留まるのでもなく、操作を繰り返すことで、習慣化し、その結果、根本を理解し、明確な目的を持って、ＩＴを活用するメンバーになるのです。
・そして、各メンバーの情報リテラシーが一定レベルになったら、組織でできることに進みます。
　事務所のインターネットにつながるパソコン１台と従業員全てが常時携帯するスマートフォンとの　ネットワークの上で、様々なことを実現します。
　システム構築をするのでなく、人間が中心となりコンピュータを使いこなすこと
　無料アプリを中心に、運用の工夫で仕組み作り、職場のリーダー中心に話し合いで進めます。
－ －
組織でできることも、①個人のＩＴ利用技術を高めた上で、②従業員中心のルールで仕組み作りを

　本書では、情報をまとめ、伝え、記憶の基本的なことを職場内で相互にやりとりしながら、機器の操作も学びます。あとは、インターネット検索をつとめて取り組んでいただくことで、ITリテラシーの基本はじゅうぶんに身に付き、情報機器のふだん使いができるようになります。

以上

IT 担当者無しで、IT化できるわけ

❯❯IT担当者不要の復習

　「はじめに」のところで紹介した「IT担当者必要？いいえ不要です」

を復習します。

　「ずぼらなIT化」では、IT担当者が不要な理由の一つ目、システム開発を行わない。新しいアプリを作る必要もない、とてもよくできた無料アプリを活用する。アプリの機能を、会社の業務のどこに利用するか、話し合いで決めて行く。

　今から取り組もうとすること、各人のBYODによる手持ちのスマートフォンの操作については、それぞれ自己責任で取り組めば、操作方法の説明者を置く必要はなくなります。

　「ずぼらなIT化」では、IT担当者が不要な理由の二つ目、教える人を極力作らない。難しいことに、一足飛びに届こうとするのではなく、皆が理解できることに取り組んで、着実に進歩する。たまたま早く慣れた人が、遅れた人に教える。「こうやったらできたよ！」を目指す。ということです。

　「ずぼらなIT化」では、IT担当者が不要な理由の三つ目、メインとするコンピュータを置かない。パソコン以上のハードウェアは利用しないのですが、そのパソコンが動いていないと成り立たない状態にすると、バックアップや故障対応などが発生するので、担当者を置く必要がでてくる。

　そこで、逆にメインコンピュータを必要としない考え方を取るのです。

❷IT担当者不要のもう一つの理由

　上記4点を、ご確認頂いた上で、本書の冒頭で説明を避けた点について、ご説明します。「IT担当者が不要な理由」のメインコンピュータを置かないとは、クラウドを利用することです。日本はクラウド「抵抗国」、米国から7年遅れ中韓露にも劣る最下位ランクだ

　https://xtech.nikkei.com/atcl/nxt/column/18/00848/00017/

米国からの遅延	国別
追跡国 （1〜3年遅れ）	カナダ、英国、オランダ、ポーランド、 オーストラリア、ブラジル
遅滞国 （4〜6年遅れ）	フランス、ドイツ、イタリア、スペイン、 ロシア、メキシコ、インド、韓国、中国
抵抗国 （7年以上遅れ）	日本、インドネシア、アルゼンチン

表 米国と9ヶ国国におけるパブリッククラウドの普及の時間差
※著者は英に売り訳す。（出所：KPシート・資料を基に作成）

　2012年に日本で発生したファーストサーバー事件が、原因の一つではないか。と私は考えています。2012年当時私はITから離れていて、その事件の記憶はまったくありませんが、クラウドで管理していた大規模なデータを消失させた事故と、後に調べだしました。

　そして、野村総合研究所の「図解CIOハンドブック」を読んで、当時の衝撃を感じることができたのです。

　それでもなお、私が利用しているアプリの供給元を見ると、自社でバックアップしているより、よほど信頼できます。それでは、クラウド＝クラウドコンピューティングとは何でしょう

クラウドコンピューティング（英: cloud computing）は、インターネットなどのコンピュータネットワークを経由して、コンピュータ資源をサービスの形で提供する利用形態である。略してクラウドと呼ばれることも多く、cloud とは英語で「雲」を意味する。クラウドの世界的な普及でオンラインであれば必要な時に必要なサービスを受けられるようになり、あらゆる作業が効率化され、社会の創造性を高めることに成功した。

ウィキペディア

　ふたつのことをご理解をいただきたい
　・クラウドストレージとは、Web上の外付けハードディスクのことです。
　・クラウドアプリケーションとは、Web経由で利用できるソフトウェ

アのことです。

❯❯小さな会社にとってのクラウドとは

「ずぼらなIT化」で重要なことは、クラウドを利用することで、メインコンピュータが不要になりました。クラウドの利用により、パソコン用のソフトウェアを購入したり、インストールしたり最新版に更新することも不要になりました。パソコンが故障しても、クラウドに預けているものは無傷で、新しいパソコンで扱える。ハードやソフトに関わることが、かなりの部分で減らせます。

　しいて言えば、クラウドに預けた業務データについては、意識してバックアップを取ることが推奨されています。ファーストサーバー事件の教訓です。

　本書で紹介したアプリケーションをパソコンの上で、どう動くのか確認してみましょう。第3章から第5章の「Gmail」「ドキュメント共有」「スケジュール共有」は、完全なクラウドアプリケーションです。第7章と第8章の「名刺管理カムカード」「簡単電子化カムスキャナー」ともWeb版があります。

　第6章と第9章の「チャットのLINE」「テレビ会議Zoom」は、多くの人の要望を受けて、Windows版が作られており、それも利用するのが一般的です。しかし、それぞれChrome版やWeb版もあります。本書で選んだアプリは、ほぼクラウドベースになっています。

　クラウドアプリケーションだから、安価に使えるのです。クラウドサービスは正に小規模事業者がIT化するための最強のツールなのです。

以上

セキュリティはITを使い始めた後に考える

❯❯ IT化前にセキュリティを考えない

　IT化をする前に、セキュリティを検討することは、無意味です。それは、どんな情報を保有するのかわからないのに、どんな防護措置を取るのか検討するようなもの。

　セキュリティ対策は、しょせん保険です。たとえば泥棒が怖いので、頑丈でバカ高い金庫を買ってしまい、金庫に入れるお金がなくなった。そんなことになっては、なりません。

　もう一つは、漏れてはいけない情報は集めない、ということ。得られる効果の範囲で対策するとすれば、対策には限界があります。漏らす可能性をまったくなくすことはできません。IT化をする前は、その効果も把握できていません。そもそも、何がどうなるかわからない状態で、チャレンジするものですから。思った以上の効果はありそうだと、すでにお考えでしょう。それでも、セキュリティ対策については、一度脇に置いて、IT化に取り組む必要があります。

❯❯ 一番大事なセキュリティはできている

　私が思うもっとも大事なセキュリティ対策は、できています。

　それは、「明日も今日と同じように、業務遂行できること」。クラウドベースのIT化を図るので、ハードの故障には、左右されない。代わりの機器を用意すれば、何の問題もなく、明日も今日と同じように仕事ができます。

　これまでの発想では、サーバーに利用するパソコンにすべての大事なデータやソフトが入っています。その場合、盗まれれば一巻の終わり、漏れた情報の行き先を心配することになるでしょう。故障の場合は、修理できるかどうか、修理屋さんに駆け込むところからで、いず

れも後ろ向きの対策からはじまります。修理ができても、初期化以外
の方法がない場合もあるでしょう。Windowsの最新化やソフトの再
インストール、データの回復処理。

知り合いの会社さんでは、データの保存を誰もしていなかったと、
大騒ぎになったそうです。しかし保存データがあっても、毎日取って
らっしゃるところは少ないので、データ保存日から事件のあった日ま
で、戻す必要があります。手をとめて対応する人がたくさん出てきます。

クラウドベースだと、それらの心配がありません。肝心なのは、明
日の業務処理の安全は、すでに確保できていること。それが、私が思
うもっとも大事なセキュリティ対策です。

誰の手も止める必要がありません。ここでも　IT担当者は必要が
ありません。

❯❯IT化後に検討するべきセキュリティ対策

私のスマートフォンでの対策例をご説明します。

パソコンでも、その基本要素は、変わりません。

①利用するアプリはこまめに更新しています

②アプリをインストールする場合は、Google play（app store）
　からに限る。

③無料のセキュリティソフト（lookoutmobilesecurity）をイン
　ストールして使用しています

④スマートフォン操作時の認証は、指認証とパスワード　特定ア
　プリは個別のpin入力

⑤対策中ですが、パスワード使いまわしの改善

③までをまずされておいて、進歩に合せて、取り入れてはいかがでしょ
うか。こういった物理的な対策より、従業員のみなさんに情報漏れを
防ぐ意識が必要です。そのためには、「漏れては困る情報を集めない」
ことや「業務情報を私用に使わない」ことを申し合わせることからです。

≫機器が見当たらなくなった場合

　スマートフォンが行方不明やなくした、盗まれた場合など。Androidスマホをなくした時に役立つ『端末を探す』機能 使い方や設定方法を解説

　https://time-space.kddi.com/digicul-column/digicul-joho/20180412/2298

「端末を探す」とは、Android端末の紛失・盗難時に役立つGoogleの公式サービスで、以下のような機能が備わっている。
・GPSを使った「スマホ位置の特定」GPS情報を取得して、スマホの現在地を特定できる。
・遠隔操作で「スマホの音を鳴らす」紛失したスマホから音を出し、発見しやすくする。
・スマホの「ロック」とスマホ画面への「メッセージ表示」
紛失したスマホの悪用を防ぐため、アクセスを制限できる。ロック画面には発見者へのメッセージが表示できるほか、電話番号を設定して発見者にコールしてもらうことができる。
・遠隔操作で「スマホデータを消去する」
アドレス帳やクレジットカード情報など、スマホは個人情報の塊だ。この機能を使えば遠方からスマホのデータを消去でき、万が一盗難された場合に悪用を防ぐことができる。

　こういった方法もあるので、どこかで目を通しておくとよいと思います。この中の、遠隔操作で「スマホデータを消去する」ことは、名刺管理については必要無いと考えています。スマートフォンが見つからない、悪用を防ぐための遠隔ロックまで処置したら、名刺管理アプリのログインパスワードを変更しましょう。データはスマートフォンの中にはなく、クラウド上にしかありません。

　スマートフォンアプリやブラウザーで一時的に記憶しているパスワードは無効になるので、エクスポート（取り出し）してなければ、情報漏れの危険は回避できます。セキュリティ事故は報告義務もありますが、それもOKです。本書で選んだアプリをクラウドベースにしたの

は、そのためです。

　クラウドサービスは正に小規模事業者がIT化するための最強のツールなのです。

以上

自然にテレワーク、でも迷った時の虎の巻

❷次に取り組むこと

　次にどの資料を電子化すれば、社外でのテレワークができるか、従業員に確認しましょう。会社の　体化につながるかつながらないかや、テレワークの効果度を比較して、従業員の意見を反映させながら、資料の電子化を進めて行きます。

　一般的なテレワークの導入手順は、テレワーク導入手順書 - 総務省
https://www.soumu.go.jp/main_content/000668432.pdf

図表 0-1 本書の構成と各章の役割

はじめに	本手順書の全体趣旨等の把握	本手順書の目的、想定する読者等全体趣旨等をつかみます。	P1～
第1章	テレワークの概要とメリット	テレワークの概要、メリットについて理解します	P5～
第2章	テレワーク導入の全体像	テレワーク導入のイメージ、推進体制の構築、全体方針を策定します	P10～
第3章	セキュリティ対策	現在のICT環境を確認し、セキュリティ環境を整えます	P21～
第4章	ルールの整備	労務管理やマネジメントの方法など現在の就業規則を踏まえ、新しく必要なルールを定めます	P31～
第5章	ICT環境の整備	企業の現状と導入の目的に合わせて、ICTツールの整備を行います	P51～
	テレワークの試行・実施	試行導入・本格導入としてテレワークを実施します	
第6章	テレワークを評価・改善する	テレワークの効果を、一定期間ごとに評価します。評価から分かった課題について、実施プロセスに則した改善をします。	

重要なのは、個々の業務について移行後の姿を想像すること。

≫専門家への相談も可能です

　インターネット検索で解決策が見つからない。

　「一歩進んだ使い方」の「具体的な取り組み方がわからない」、「自社の状況に合わせた進め方を考えてほしい」や「適用業務システムの導入など違う分野のIT化」、「こんなデータを守るためのセキュリティの強化策など」はどうでしょう。「本書に書いてあることをやりたい」でも構いません。それが課題として定義できたら、商工会議所に相談しましょう。私も、広島商工会議所にいろいろと相談して、随分助けてもらいました。助ける側も経験しています。お近くの商工会に、「教えてくださる専門家」を紹介してもらいましょう。

　専門家の派遣事業というものがあり、要望に応えられる専門家を探してくれる上に、その日当は一部負担で済みます。専門家の専門分野はITに限りませんので、IT分野で試した次はほかの分野でも支援を受けたら、事業のより発展につながることでしょう。よい専門家で相性のよい方を見つけるまで、何度かトライが必要かもしれませんが、お近くに相談先を確保することができたら、何より幸いに存じます。

≫小規模事業者のIT化は日本の最大の課題

　さて、私は小規模事業者のIT化は、日本の大きな問題・課題だと思っています。テレワークにしても、中規模以上は必要な対応されることでしょうが、正直なところ小規模事業者は難しいでしょう。そのまま放置すれば、デジタル化された中規模以上の事業者の中に、アナログの小規模事業者が紛れ込むので、社会全体の非効率は解決しません。

　本書で、経営者の方にIT化にチャレンジしていただきたい。

　経営者の方が、本書の伝えることを身に着けていただくだけで、まったく違う会社に生まれ変わることができます。

社長は忙しいのだ、いうほど自由はないのだと、おっしゃる気持ちは理解できます。人間関係も悩ましいし、取引先からのプレッシャーも厳しいかもしれませんが、それでも社長をされている。

　私は、前職の最後の15年間干された状態で過ごしていました。このまま、何も成し遂げないうちに死ぬわけにはいかないという思いで、活動しています。苦境にある方もいらっしゃると思いますが、そのころの私より、救いがあると思います。私には、私の苦境が何が原因だったのか、いまだにわかりません。今も毎日何度か「冗談じゃろ」と独り言をします。お酒の力を借りて、何とか寝る日々が20年近く続いています。

　考えてみると、与えられた環境には従うが、私の権限の範囲については、決して妥協しなかった。私のそうした行動が招いたものかもしれませんが、晩年の何をしようとしても、羽交い絞めに合って自由が利かないと感じる15年間でした。サラリーマンは気楽な稼業ではなく、どうにもならないサラリーマンもいるのです。

　当時の私より、救いがある社長さん、ここも頑張りどころです。従業員が成長する、皆が力をつける、楽しい職場になると思います。ぜひとも、できるところから実践されて、バラ色の会社に変えられることをお祈りします。

以上

■いろいろな便利なソフト

どんな規模・業種でも、ほぼ無料で利用できる４つのソフトウェア

No.	ソフト名	キャッチフレーズ	お薦め理由
1	ラベル屋さん	いつでも１シートからプリントOK	この書籍内容踏まえた新しい名刺が必要、ネット経由の格安名刺が入手可能になる
2	Mail Distributor	同報メール配信ソフト	みなさんの事業の情報提供、まず知らせないと始まらない　メルマガ配信にチャレンジ
3	やよいの顧客管理	売上実績19年連続No1・簡単、易しい・2人に1人が弥生	これだけあれば、機能は十分　使い方動画も備えており、無料お試し３０日間
4	HRMOS勤怠	基本機能なら利用期間・人数に制限なし	全ての従業員が利用する、小さな会社で最初に取り組むの適用業務システムは勤怠管理

No.1

No.2

ほとんどものに有料版はあるが、これらは無料からはじめられる上に、優れている。

機能	提供元	費用	必要装備	詳細情報URL
名刺作成 カード作成	スリーエム	無料	パソコン (スマホ版も)	www.labelyasan.com/
同一メールを複数人へ対して1通ずつ個別に一括送信	WoodenSoldier Software	無料	パソコン	www.woodensoldier.info/soft/md.htm
顧客の台帳管理 対応履歴や予定を管理 顧客データ活用	弥生会計	5千円	パソコン	www.yayoi-kk.co.jp/products/customer/index.html
日次勤怠、承認・申請、レポート機能	IEYASU	無料	Web版・スマホ版	https://www.ieyasu.co/

No.3

Mail Distributorは簡単に同報メールを管理、送信するフリーソフトです。アドレス帳管理やパーソナライズ（差し込み送信）機能など、様々な便利機能により同報メールを効率よく管理・送信することができます。連絡網やマーケティングなど、名簿の管理と一斉メール送信を行いたい時にご利用ください。

http://www.woodensoldier.info / オンラインソフト一覧

同報メール配信ソフト Mail Distributor

No.4

■いろいろな便利なサービス

どんな規模・業種でも、ほぼ無料で利用できる４つのサービス

No.	サービス名	キャッチフレーズ	お薦め理由
1	E-SODAN	24時間年中無休 いつでも経営相談室	AIが対応するので、場所を選ばず、いつでも 事業の悩み、まずここから手を付ける
2	ランサーズ	日本最大級のクラウドソーシング仕事依頼サイト	人的資源の不足を補う最強手段 依頼できない仕事はほとんど無い 委託側が有利な仕組みで成果報酬のみ
3	Googleビジネスプロフィール	Google を使ってビジネスを無料でアピール	Webサイトがなければ必ず利用、編集表示は自動なので、並べるだけ Googleの検索で有利になる
4	Indeed	求人募集が簡単にできる	「初期費用」「掲載費用」「採用成功報酬」がかからず募集から採用まで一貫して 無料なら、試さない理由がない

No.1

No.2

ここに紹介したもの以外にも、探せばよい物がたくさんあります

機能	提供元	費用	必要装備	詳細情報URL
日中なら、専門家への30分 相談も利用可能	中小機構	無料	パソコン ・スマホ	bizsapo.smrj.go.jp/
発注について無料相談 依頼方式が案件に合わせ、 コンペ方式など複数	ランサーズ	無料	パソコン ・スマホ	www.lancers.jp/
基本情報を掲載、写真を掲載、口コミの管理・返信、分析情報を閲覧、無料のWebサイトを作成できる	Google	無料	パソコン ・スマホ	www.google.com/intl/ja_jp/business/
フリータイヤルでの相談受付 募集から採用までのマッチング	Indeed	無料	パソコン ・スマホ	jp.indeed.com/求人広告

「今日からできるスマホと無料ツールで小さな会社こそ IT」を
購入頂き、ありがとうございました。

購入者特典、著者中村太陽との
40 分の無料テレビ会議を提供します
※書籍発売後半年以内で、先着 500 名様限りです

読み終わった方に、自社の IT 化にあたっての疑問に
お答えする趣旨で、何の見返りも望んでおりませんので、
安心してご利用下さい。
テレビ会議は、第八章で紹介した Zoom を利用します。
ご希望の方は、次の QR コードからメールアドレスを読み取り、
件名を「面談希望」として、空メールをお送り下さい。
QR コードの読み取りは第五章の LINE のところで解説しています。
QR コードリーダーをかざせば、
送信先のメールアドレスが得られます。

面談希望のメールを頂戴した方には、返信メールが届きます。
そのメールの案内に沿って、進めて頂くことで、面談が実現します。

中村太陽 (Nakamura Taiyou)

1954 年に長崎県で生まれる。

広島大学理学部数学科卒業、一時期数学教師、地元ライフライン上場会社に入社
後、ＩＴ部門でオペレータ、プログラマー、ＳＥを経て、運用担当も経験。

一時転出した設備部門において5年間で10億円かかった当時最も多額な構築費
用の地理情報システムを企画提案し、導入構築プロジェクトを率いた。

その後ＩＴ部門に戻り、ＩＴ部門マネジャーとして Windows95 以前の社内ＬＡ
Ｎ黎明時代に社内ＬＡＮの企画構築を経験。2000 年問題にも対応した。

ＳＥ・上級ＳＥ・ＩＴ部門マネジャー時代、当時成功率3割と云われたシステム
開発をほぼ全て成功させた。

スマホと無料ツールで小さな会社こそ IT

2022 年 9 月 2 日　　第 1 刷発行

著　　　者 ——— 中村太陽
発　　　行 ——— 日本橋出版
　　　　　　　　〒 103-0023　東京都中央区日本橋本町 2-3-15
　　　　　　　　https://nihonbashi-pub.co.jp/
　　　　　　　　電話／ 03-6273-2638
発　　　売 ——— 星雲社（共同出版社・流通責任出版社）
　　　　　　　　〒 112-0005　東京都文京区水道 1-3-30
　　　　　　　　電話／ 03-3868-3275
Ⓒ Taiyou Nakamura Printed in Japan
ISBN 978-4-434-30537-5